존 번연의
경외

존 번연의
경외

2019년 3월 10일 1쇄 발행
2022년 12월 16일 2쇄 발행

지은이 | 조엘 비키 & 폴 스몰리
옮긴이 | 신현국
펴낸이 | 박영호
교정·교열 | 주종화
펴낸곳 | 도서출판 솔로몬

주소 | 서울시 동작구 사당로 143
전화 | 599-1482
팩스 | 592-2104
직영서점 | 596-5225

등록일 | 1990년 7월 31일
등록번호 | 제 16-24호
E-mail | solcp1990@gmail.com

ISBN 978-89-8255-575-6 03230

2016 ⓒ Joel R. Beeke & Paul M. Smalley
This edition published by arrangement with P&R Publishing through rMaeng2,
Seoul, Republic of Korea. All rights reserved.

This Korean edition is translated from the English edition published by P&R Publishing,
Phillipsburg, NJ, USA

This Korean edition copyright ⓒ 2018 by Solomon Publishing Co.

이 한국어판의 저작권은 알맹2 에이전시를 통하여 P&R Publishing과 독점 계약한 도서출판 솔로몬에 있습니다.
신 저작권법에 의하여 한국 내에서 보호받는 저작물이므로 무단전재와 복제를 금합니다.

존 번연의
경외

경건한 두려움의 은혜

*John Bunyan and
the Grace of Fearing God*

조엘 비키 & 폴 스몰리 지음

신현국 옮김

솔로몬

책을 펴내면서

"거룩한 두려움이 주는 하나님의 은혜"를 선물합니다.
하나님의 자녀들에게 주신 "하나님의 최고의 선물, 경외"
말씀대로 살아낸 존 번연의 경외의 삶을 배웁니다.

우리에게 『천로역정』으로 잘 알려진, 존 번연John Bunyan은 주를 두려워하기 기뻐한 사람이었습니다. 그는 "은혜가 있고, 사랑이 있으면 진정으로 하나님을 두려워함이 모든 은사보다 귀합니다."라고 고백합니다.

이 책을 읽어가는 여러분들은 "하나님을 두려워함이 모든 은사보다 더 귀하다"라는 번연의 말에 진심으로 공감할 것입니다. 이 책은 막연한 두려움의 책이 아닙니다. 오히려 그리스도께서 주시는 '은혜의 책'이며, '사랑의 책'이며, '감사의 책'이라는 것을 알게 될 것입니다.

하나님께서는 하나님을 경외하도록 하는 "경건한 두려움, 경외함"의 마음을 우리에게 주셨습니다. 이것은 존 번연의 말처럼 '형언할 수 없는 선물'이라는 것을 알게 합니다. 우리가 어떤 환경과 어려움, 좌절과 침체의 터널에서 조차도 결국 믿음을 지킬 수 있는 것은 "경건한 두려움"을 하나님께서 주셨기 때문입니다.

번연은 고난의 순례자였습니다. 그가 겪은 고난은 자처한 고난으로서, 복음을 전하는 설교자였기 때문입니다. 설교자로서 번연은, "성경을 펼치고, 나타내서 그것이 다른 이들의 양심에 새겨지도록 애쓰고 있을 때, 그의 영혼에 임하여진 능력과 천국에 대한 증거로 설교하였다"고 고백합니다. 이 책의 저자인 '조엘 R. 비키'와 '폴 M. 스몰리'는 그런 존 번연의 모습을 통해서 왜 우리가 설교자를 위해 기도해야 하며, 설교자로서 왜 하나님께 두렵고 떨림으로 기도하며 그 앞에 서야 하는지를 드러내어 밝혀 줍니다.

번연은 역설적으로 하나님을 대적하는 무리들에게는 "두려움 없는 순례자"였습니다. 하나님에 대한 설교를 그만둔다면 감옥에서 풀어줄 것을 약속하는 영국 국교회의 관리를 향해서 번연은 "누군가 파문당할 것을 두려워하여 설교하는 것과 듣는 것을 중단한다면 그 사람은 이미 하나님으로부터 파문을 당한 것"이라고 하는 위클리프Wycliffe의 말을 인용하여 반박합니다. 그는 진정으로 하나님의 말씀인 성경을 사랑한 설교가였습니다.

번연은 20년 이상을 감옥에서 보냈습니다. 무오한 진리의 성경을 통해 그리스도를 전한다는 것이 그의 유일한 죄목이었습니다. 그 스스로 낙심, 우울, 영적 침체를 깊게 마주했던 것을 자주 고백합니다. 그러나 그 심연의 침체는 생명이시고 진리이신 하나님의 말씀을 깊이 묵상하고 하나님께 기도가 충만해질 때 이겨낼 수 있었음도 고백합니다. 오히려 감옥에 있는 동안 어둠과 빛을 모두 경험하였다고 말합니다. 번연은 "나는 실로 여기에서(감옥) 그리스도를 보았으며 느꼈습니다."라고 고백하는 모습을 통해서 우리의 마음을 빛 되신 그리스도로 향하게 합니다.

일부 경건하지 못한 사람들은 자신에게는 죄가 없다는 확신을 갖기 위한 방법으로 형식적인 종교 생활로 거짓된 위안을 받는다고 번연은 경고하고 있습니다. 하나님을 향하도록 하는 것은 형식적인 종교생활이 아니라, 진정으로 하나님을 두려워하는 마음, '경건한 두려움'입니다. "하나님을 경외하는 것으로 우리의 삶을 온전히 바치라"는 존 번연의 목소리가 귀에 쟁쟁합니다.

지금의 시대는 세상이 주는 "두려움의 시대"입니다. 질병, 사고, 죽음, 불안, 관계의 파괴, 분열과 대립 등으로 만들어진 거대한 두려움의 바다에서 그리스도인으로서 살아야하기 때문입니다. 세상이 주는 두려움을 이겨낼 유일한 방법은 그리스도인으로서 '경건한 두려움'으로 무장하는 길이라는 것을 존 번연의 경건의 삶이 말해줍니다.

독자들이 이 책을 다 읽고 "경건한 두려움"이 주는 중요성을 알고 유익을 맛보는 것이 저자인 '조엘 R. 비키'와 '폴 M. 스몰리'의 소망이듯이 이는 또한 저의 소망이기도 합니다.

"여호와를 경외함이 네 보배니라" (이사야 33:6)

2018년 12월

박영호

추천의 글

오늘날 존 번연을 『천로역정』과 『거룩한 전쟁』의 저자로만 여기는 것을 볼 때 참 아쉽다. 그는 60권 이상을 저술한 다작가이다. 단지 그가 정식 교육을 받지 못했다는 점으로 위대한 신학자의 대열에 오르는 데 의문을 갖는다면, 이는 심각한 잘못을 범하는 것이다. 번연이 방대한 지식과 역사적으로 가장 논란이 많은 몇 가지 신학적 주제에 대해 뛰어난 식견을 가졌음을 입증하는 학술적 연구가 이미 존재하지만, 수많은 저술과 개혁주의 경험적Reformed experiential 신학에 지대한 공헌을 남긴 한 사람에 대한 간략하고 접근하기 용이한 작품의 필요성을 느껴왔다. 그렇기때문에 하나님을 경외함이라는 번연의 신학의 핵심에 초점을 맞추어 번연에 대한 학술적 연구와 간략한 작품의 필요성의 간극을 채운 이 책은 아주 훌륭한 업적임이 분명하다.

데렉 W. H. 토마스 Derek W. H. Thomas (콜롬비아 제일교회 담임 목사)

조엘 비키Joel Beeke가 청교도를 소개하는 훌륭한 작품을 보기 위해 이 책을 손에 들었다면, 결코 실망하지 않을 것이다. 이제부터 우리는 존 번연의 삶과 그가 가진 심장을 보며, 여전히 중요하지만 지금까지 도외시 되어왔던 주제인 하나님을 경외함에 대한 풍성하고 세심하며, 잘 적용된 설명을 맛보게 될 것이다. 하나님께서 이 책을 통하여 사람이 아닌 하나님을 두려워한 번연의 새로운 세대를 일으키시기를 소망한다.

마이클 리브스 Michael Reeves (영국 유니언 신학대학 총장)

저명한 신학자 존 오웬John Owen이 동료 청교도 목회자, 존 번연과 그의 사역에 깊은 존경을 표했다는 사실 하나만으로 오늘날 우리가 번연의 책을 읽고 또 그것을 귀하게 여겨야하는 이유가 충분하다. 존 번연 선집의 개관이라고 할 수 있는 이 새로운 시도는 우리에게 유용한 안내서가 될 것이다. 청교도들의 풍성한 교훈인 하나님을 경외함이라는 일관된 가닥으로 비키Beeke와 스몰리Smalley는 독자의 관심을 번연의 선집의 세계로 새롭게 불어 넣었다.

마이클 A. G. 헤이킨 Michael A. G. Haykin (남침례신학교의 교회사와 성경적 영성 교수)

고대 히브리인 산파들이 가졌고, 시편에도 가득하며, 지혜에 필수적일 뿐만 아니라, 예수님께서 강조하셨고, 제자들이 장려했음에도 불구하고, 오늘날 기독교에서 점차 사라져가는 … 하나님에 대한 두려움. 시기적절하게 출판된 이 책을 통해 조엘 비키와 폴 스몰리는 하나님을 경외함에 대해서, 그리고 모든 그리스도인 중에 가장 사랑 받고 가장 존경 받은 한 사람이자, 기독교 서적의 베스트셀러 작가인 존 번연의 심장박동 소리를 우리에게 들려준다. 만약 누군가의 증거가 필요하다고 한다면, C. H. 스펄전C. H. Spurgeon이 했던 존 번연에 대한 유명한 평가가 있다. "그를 찌를 수 있다면, 그가 흘리는 피는 성경 자체일 것이며, 성경의 진수가 그에게서 흘러나올 것입니다." 당신이 이 책을 읽는다면, "하나님을 두려워하지 않는 사람이 그분을 사랑한다 하더라도 그 사랑은 지극히 작은 것일 수밖에 없지만, 하나님께서는 사랑에 이끌려 온 이들을 두려움으로 만지신다"는 사실을 배우게 될 것이다.

싱클레어 B. 퍼거슨 Sinclair B. Ferguson

(Florida Ligonier Academy of Biblical and Theological Studies 학과장)

하나님을 가장 경외한 학장이자 구약 학자,
바랄 수 있는 최고의 신학교 총장이며,
나의 위대한 친구이자 동료인
마이클 베렛에게
"여호와를 경외하는 자는 이같이 복을 얻으리로다" (시 128:4)

조엘 R. 비키

"오직 여호와를 경외하는 여자는 칭찬을 받을 것이라" (잠 31:30)
나의 사랑하는 아내, 던과
"아버지가 자식을 긍휼히 여김 같이
여호와께서는 자기를 경외하는 자를 긍휼히 여기시나니" (시 103:13)
나의 사랑하는 세 자녀, 레비, 엘리자베스, 마이클에게

폴 M. 스몰리

"하나님에 대한 이 거룩한 두려움의 은혜는
얼마나 위대한 은혜인가?"

존 번연

약어 및 자료

약어

Luther, Galatians	Martin Luther, *A Commentarie of Master Doctor Martin Luther upon the Epistle of S. Paul to the Galathians* (London: George Miller, 1644).
ODNB	Oxford Dictionary of National Biography (Oxford: Oxford University Press, 2004).
Works	*The Works of John Bunyan*, ed. George Offor, 3 vols. (1854; repr., Edinburgh, UK: Banner of Truth, 1991).
Works (1692)	*The Works of that Eminent Servant of Christ Mr. John Bunyan, the First Volume* (London: William Marshall, 1692).

자료

17세기 저서들은 Early English Books Online (EEBO)에서 확인할 수 있다. 우리는 『천로역정』(*The Pilgrim's Progress*, 1679) 제 3판을 참고하였는데, 오늘날 알고 있는 『천로역정』의 모든 이야기를 담고 있는 첫 번째 판이다. 우리는 오래된 자료를 인용할 때 하나님을 직접적으로 지칭하는 단어나 성경 인용 문구를 제외한 구문법적 형태 중 -eth로 끝나는 동사나 "you"대신에 "thou"로 표현한 부분을 표준 현대 영어로 교정하였다. 17세기 저서들을 인용할 때, 사용상 편이를 위해서 현대판에 해당하는 페이지를 함께 표기하였다. 번역의 저서의 경우도 마찬가지로 옆에 오늘날 가장 접하기 용이한 판인 오포Offor가 편집하고 진리의 깃발The Banner of Truth에서 재출판한 번역의 *Works*에 해당하는 페이지를 함께 표기하였다.

서문

 청교도 인물로 잘 알려진 존 번연보다 이 세상에서 더 광범위하게 예수 그리스도를 전하여 영향을 미친 사람은 몇 안 될 것이다. 19세기의 영국에서 사실상 거의 모든 집에는 두 권의 책이 있었다고 한다. 하나는 흠정역 성경(1611년 잉글랜드 왕 제임스 1세의 지시에 따라 영어로 번역된 성경)이고, 다른 하나는 존 번연의 『천로역정』이다. 이러한 주장이 조금이라도 사실이라면, 우리는 존 번연이 영어권 국가에서 놀라운 영향을 미쳤다는 것을 인정할 수밖에 없다. 그의 놀라운 영향력은 조국에 국한되지 않았고, 타고난 글솜씨와 영적 유산은 전 세계로 퍼져나갔다.

 번연은 청교도의 황금시대를 살았다. 그가 살았던 시대는 인류 역사상 가장 경건했던 세대 중 하나로, J. I. 패커는 당시 시대를 기독교라는 숲에 있는 "캘리포니아의 레드우드"California's Redwoods라는 거대한 나무에 견주었다. J. C. 라일은 당시의 청교도가 설교자, 해설자, 저술가로서의 능력 면에서 어떤 시대에도 뒤처지지 않는다고 주장했다. 청교도는

16세기와 17세기 영국 교회에 헌신했던 남성과 여성으로, 교리와 예배를 바로 세우고, 정결한 삶을 살고자 했다. 훗날 청교도 정신은 영국 국교회 밖에서의 비국교도Non-Conformist 운동에 활력을 불어넣었다. 번연은 이러한 비국교 청교도 중의 한 사람이었다.

1560년대 초, 청교도라는 이름이 처음에는 조롱의 목적으로 쓰였다. 독실한 그리스도인들은 성경의 기준에 따라 영국의 교회를 바로 세우는 데Purify 노력을 쏟았기 때문에 이들을 가리켜 청교도Puritan라 불렀다. 그뿐 아니라 이들은 속해 있는 모든 영역에서 개인의 삶을 정결하게 하고자 온 힘을 다하였다. 청교도들은 최고 권위인 성경에 대해 흔들림 없는 충성심을 보였고, 자신을 구별했다. 또한 신자와 교회의 믿음과 실천이 성경에서 말하는 진리의 높은 수준에 이르게 해야 한다고 주장했다. 이렇게 종교개혁주의자들의 발자취를 따라갔던 청교도들은 sola Scriptura(오직 성경)의 새로운 대변자가 되었다.

존 번연은 당시 가장 성경에 흠뻑 젖은 사람 중에 한 사람이었다. 설교의 황태자라 불리는 찰스 스펄전은 그에게 딱 어울리는 별명을 붙였는데, "살아있는 성경"이라고 불렀다. 사람의 몸에는 피가 흐르지만, 머리에서 발끝까지 번연의 몸에서는 "성경이 흐르고 있다"고 표현한 것이다. 성경에 대한 풍부한 이해와 탁월한 글솜씨로 번연은 『천로역정』과 『죄인 중 괴수에게 넘치는 은혜』Grace Abounding to the Chief of Sinners를 포함한 많은 기독교 고전 서적들을 남겼다. 그뿐만 아니라 우리는 베드퍼드Bedford의 땜장이가 설교자로서 탁월함을 지녔음도 기억해야 한다. 번연이 성경을 해석하고 강단에서 말씀을 선포하는 능력은 하나님을 위하여 성경의 권능을 발휘하는 데 쓰임 받았다. 정식교육을 받지 못했고, 글을 잘 몰랐지만, 그의 말씀을 전하는 사역은 높은 곳으로부터 초자연적 기름 부으심으로 충만했다.

정부 당국은 처음부터 번연을 체포하거나 투옥하지 않았다. 하지만 번연은 머지않아 정부가 승인하는 면허 없이 설교를 하고 있다는 것이 밝혀져 어려움이 닥칠 것을 알고 있었다. 그럼에도 불구하고 그는 설교했다. 결국 번연은 체포되었고, 수감되었는데, 12년의 수감생활 중 베드퍼드의 실버 거리에 있는 교도소에서 대부분을 보냈다. 단지 면허 없이 설교했다는 죄목으로 수감되었던 번연은 풀려난 후에 베드퍼드 교회의 목사가 되었다. 수감되었을 당시 비록 육으로는 갇힌 몸이었지만, 번연에게 역사하는 하나님의 말씀은 갇히지 않았다. 어느 때보다 집필과 말씀 사역에 전념했던 번연의 성경 해설과 설교를 듣기 위해 열렬한 군중은 그가 갇혀있는 감옥으로 몰려들었다. 유명한 청교도인 존 오웬은 "베드퍼드의 땜장이처럼 설교할 수만 있다면 그의 모든 배움을 포기할 수 있다"고 고백할 정도로 번연의 설교는 수많은 사람의 마음을 움직였다.

이 시대 복음주의 교회는 존 번연의 유산을 다시 붙잡아야 하는 회복의 갈림길에 서 있다. 많은 교회가 허울뿐인 종교적 모습만을 가지고 있을 때 번연의 이야기가 다시 회자되어야 하고, 그의 정신을 되찾아야 한다. 여기에는 온 교회에 강력한 영적 각성이 절실할 때, 나 홀로 대단한 힘을 발휘한 사람이 있다. 지금까지 수 세기가 흘렀지만, 그가 살면서 주님을 섬겼을 때와 같이, 번연은 오늘날에도 여전히 큰 의미를 가진다.

존 번연의 영적 삶과 복음 사역에 대한 흥미진진한 시각을 우리에게 소개한 조엘 비키와 폴 스몰리의 업적은 마땅히 인정받을만하다. 이들은 하나님을 두려워함(경외)이라는 번연의 경험과 가르침을 추적해 나아갔다. 하지만 오늘날 하나님을 경외함처럼 잊혀진 주제는 거의 없을 것이다. 이러한 두려움은 순종을 위한 기쁘고 열정적인 능력으로 보는 것이 아니라 종종 심리적으로 해로운 것으로 간주되고 있다. 번연은 예수 그리스도의 구원의 의를 통하여 하나님의 진노로부터 자유하며, 하나님 앞에서 어린아이와 같은 두려움과 기쁨으로 예배하는 청교도의 탁월한 본보기가 되었다. 비키와 스몰리는 이러한 존 번연의 삶과 교리 속에서 드러난 두려움을 설명하는 것을 통하여 영혼의 참된 경건으로 향하는 창문을 열었다. 이 두려움은 하나님의 주권적 은혜 교리가 밑바탕이 된 하나님의 영광을 위한 경건한 사랑이다.

이 충성된 청교도인을 우리에게 더 잘 소개해줄 수 있는 이가 조엘 비키와 스몰리 외에 또 누가 있을까? 존 번연에 대해 이미 친숙한 사람이든, 처음으로 알기 원하는 사람이든 상관없이 당신은 본 책을 집어삼킬 듯이 읽으며 소화해 나가게 될 것이다. 그리고 올바르게 연구하여 정교하게 기록된 본 책은 당신의 영혼의 영적 건강을 위한 명약 한 첩이 될 것이다.

이 책을 주의 깊게 읽기를 바란다. 이 책의 이야기를 통해 영감을 받길 바란다. 이 책이 말하는 본질을 체득하길 바란다. 존 번연이라는 위대한 크리스천 리더의 삶에서 행하신 하나님의 거룩한 역사의 깊이를 우리 모두가 동일하게 경험하기를 소망한다.

스티븐 J. 로손
OnePassion Ministries 회장
텍사스주 댈러스에서

차 례

책을 펴내면서 ··4
추천의 글 ··8
약어와 자료 ··12
서문 ··13

1. 존 번연의 안식으로 향하는 순례 ··21
뜻밖에 시작한 순례의 여정
마음에 역사하시는 하나님

2. 그리스도를 위한 설교자, 그리스도를 위한 죄수 ··41
왕국을 위하여 목소리와 펜을 사용하다
믿음의 학교에 갇히다
천성을 향하는 천로역정

3. 하나님의 두렵고 무시무시한 위엄 ··75
하나님의 한량없는 위엄
그분의 영광스러운 임재 안에서
경건함과 두려움으로 하나님을 기쁘시게 하는 예배

4. 죄로써의 두려움과 준비 단계로써의 두려움 ··115
하나님에 대한 경건하지 않은 두려움
경건하지만 일시적인 두려움
두려움이 선에서 악으로 변할 때

5. 두려움이 주는 은혜 ·· 149
두려움, 구원하시는 하나님의 은혜의 선물
왜 그리스도인들이 거룩한 두려움을 소중히 여겨야 하는가?

6. 하나님을 두려워하는 데서 온전하여지는 거룩 ·· 179
경건한 두려움의 모습과 열매
여호와를 두려워함은 우리 안에서 어떻게 자라는가?

7. 말씀 앞에서 떨림으로 ·· 211
위엄으로 충만한 여호와의 음성
두렵고 떨림으로 말씀 선포

8. 하나님을 두려워함으로 얻은 능력을 통한 인내 ·· 239
하나님을 두려워하는 사람을 향한 축복의 약속
하나님을 경외하는 자들에게 주시는 인내의 약속

요약 및 결론 ·· 265
참고문헌 ·· 279

1.
존 번연의 안식으로 향하는 순례

존 번연(1628-1688)은 끔찍한 시대를 살았다.[1] 17세기 중반에 걸쳐 그가 60여 년을 사는 동안, 영국은 지독한 전염병에 휩쓸렸고, 내전에 분열되었다. 심지어는 폭동으로 정부를 전복시켜 하나님의 나라를 이루고자 하는 이들도 있었다. 이러한 사회적 불안은 끊이지 않았다. 영국의 스튜어트Stuart 왕가의 왕들은 빈번하게 의회를 해산하여 국가를 통치하고자 했고, 왕들 중 한 명은 오히려 국가의 손에 의해 죽임을 당하기도 했다. 한 역사가는 번연이 살았던 시대를 가리켜 "기록된 영국의 역사상 가장 격변적이고, 선동적이

---

1. 번연의 전기를 간략하게 살펴보려거든 ODNB 8:702-11에 있는 Richard L. Greaves의 "Bunyan, John"을 보라. 본 자료의 처음 두 장은 Joel R. Beeke 와 Randall J. Pederson의 *Meet the Puritans* (Grand Rapids: Reformation Heritage Books, 2006), 101-12 일부를 채택하였다.

며, 당파적인 60년"[2]이었다고 말했다. 번연 또한 이러한 시대를 살면서, 그의 첫 번째 부인을 잃었고, 20년 이상을 감옥에서 보냈다. 그의 삶은 고난과 박해, 고통으로 가득 찼다.

하지만 번연은 당시의 상황이나 개인적인 슬픔에 흔들렸던 사람이 아니었다. 오히려 "보이지 아니하시는 하나님을 의지하며 살아가는"(히 11:27 참고) 법을 배웠다.[3] 예수 그리스도에 대한 그의 믿음의 인내와 순종은 현시대의 전기 작가들로 하여금 번연에게 "두려움 없는 순례자"라는 칭호를 부여하게 했다.[4] 그의 유명한 우화인 『천로역정』에 등장하는 크리스천처럼, 번연은 천성을 향하는 그의 순례여정 가운데서 맞닥뜨리는 모든 영적 사자들과 거인들을 견뎌냈다. 다른 한편으로, 한 작가는 번연의 신학을 "두려움이 지배하는 신학"이라고 신랄하게 비판했다.[5] 또 다른 작가는 그보단 조금 덜 비판적인 입장이었는데, "우리가 번연의 설교에서 두드러진 논조를 하나만 꼽는다면, 의심의 여지없이 두려움이라고 할 수

---

2. Christopher Hill, *A Tinker and a Poor Man: John Bunyan and His Church*, 1628-1688 (New York: Alfred A. Knopf, 1989), 4.
3. John Bunyan, *Grace Abounding to the Chief of Sinners*, 8th ed. (London: Nath. Ponder, 1692), 164; Works, 1:48을 보라.
4. Faith Cook, *Fearless Pilgrim: The Life and Times of John Bunyan* (Darlington, UK: Evangelical Press, 2008)
5. Alfred Noyes, ODNB, 8:710 인용.

있다."고 말했다.6 그가 과연 두려움에 지배를 당했을까? 아니면 두려움을 모르고 오히려 담대했던 것인가? 실제로 번연은 그리스도인들에게 있어서 담대함은 두려움과 분리될 수 없다고 믿었다. 번연은 많은 부분에서 그의 저서 『거룩한 전쟁』*The Holy War*에 등장하는 가상의 인물인 하나님 경외 씨Mr. Godly-fear와 많이 닮았다고 할 수 있다. 하나님 경외 씨는 "담대하고, 행동하며, 용기 있는 사람"으로 묘사된다.7

번연은 누구였을까? 그가 누구였기에 담대한 사람이라 평가를 받는 동시에 두려움의 사람이라고도 불릴 수 있었을까? 이 질문에 답하기 위해서 우리는 4백 년 전 영국의 한 마을로 돌아가야 한다.

뜻밖에 시작한 순례의 여정

번연은 1628년 베드퍼드Bedford 인근, 엘스토우Elstow라는 마

---

6. E. Beatrice Batson, "The Artistry of John Bunyan's Sermons," *Westminster Theological Journal* 30, no. 2 (Winter 1976): 180.
7. John Bunyan, 『거룩한 전쟁』(*The Holy War*), Made by Saddai upon Diabolus … Or, the Losing and Taking again of the Town of Mansoul (London: Nat. Ponder, 1696), 283; *Works*, 3:351을 보라.

을에서 토마스 번연Thomas Bunyan과 마가렛 벤틀리 번연Margaret Bently Bunyan 사이에서 태어났다. 1628년 11월 30일, 영국 성공회Church of England의 한 교회에서 세례를 받은 그는 젊은 시절, 비속한 말을 사용하지 않고는 이야기하는 법을 거의 알지 못했던 것으로 미루어보아, 부모로부터 하나님의 교훈과 훈계(엡 6:4)로 양육 받지 않았을 것으로 보인다.[8]

찰스 1세(1625년-1649년 통치)가 영국을 통치하던 때, 윌리엄 라우드William Laud는 런던의 주교가 되었다(그는 후에 캔터베리의 대주교가 된다.). 라우드에 의해서 라우드의 알미니안주의 정당 Laud's hugh-church Arminian Party이 설립되자, 영국 내에서 개혁주의 교리와 신앙을 고수하는 이들의 교회와 정부에 대한 불만이 최고조에 달하게 되었다. 1620년에는 "순례시조"Pilgrim Fathers라 불리는 분리주의자들이 신세계, 아메리카대륙으로 항해하였고, 1630년에는 존 윈스럽John Winthrop이 청교도들을 이끌고 뉴잉글랜드로 대대적인 이주를 시작하였다.

하지만 런던에서 북쪽으로 50마일 이상 떨어진 마을에서 살고 있었던 번연의 가족은 아마도 이러한 정치적, 종교적 갈등으로부터 동떨어져 있다고 느꼈을 것이다. 16세기, 그들

---

8. Bunyan, *Grace Abounding*, 13; *Works*, 1:9을 보라.

의 조상들은 엘스토우 영지의 지주였지만, 가세가 기울어버린 탓에 상대적으로 가난했다. 그의 아버지는 놋갓장이나 양철공처럼, 냄비나 프라이팬 같은 연성 금속으로 만들어진 그릇을 수리하는 땜장이였다. 번연은 읽고 쓰는 법은 배웠지만, 제대로 된 교육은 받지 못했다.

번연은 얼마 지나지 않아 그의 악한 죄성을 드러냈다. 훗날 그는 옛 시절을 회상하며, 다음과 같이 기록했다. "마귀에게 사로잡혀 마귀의 뜻을 좇아(딤후 2:26), 모든 불의로 가득하게 되는 것은 나의 기쁨이었다. … 또래에서 나와 같은 아이는 찾아보기 힘들었다.… 모든 것이 저주하고, 맹세하고, 거짓말하며 하나님의 거룩한 이름을 모독하기 위함이었다."[9] 그가 부도덕함에 빠지는 것에 책망을 받거나 악한 행동을 멈추게 할 만한 일들이 일어나지 않았던 것은 아니다. 1636년, 흑사병이 영국을 또다시 덮쳤고, 3만 명 이상의 목숨을 앗아갔다. 17세기는 그만큼 죽음이 언제나 가까이 있었다. 그가 9살에서 10살이었을 때, 그는 악몽에 시달렸고, 양심이 반응하여 그를 두렵게 만들어, 지옥과 같은 것은 없었으면 좋겠다는 소원을 빌게도 하였다. 하지만 그는 순간적인 종교적 감정을 재

---

9. Bunyan, *Grace Abounding*, 2-3; *Works*, 1:6을 보라.

빠르게 벗어버렸다. 결국 그는 "모든 젊은이들의 두목이 되었고, 온갖 범죄와 부도덕함에서 벗어나지 못하였다."[10]

1642년, 찰스 1세와 의회 사이에서 내란이 터졌다. 왕국은 이내 혼란에 빠지게 되었는데, 그 비극은 번연의 가정에도 닥쳤다. 그가 16세였을 때, 그의 어머니와 누이가 한 달 사이에 죽는 "충격과 불행"을 경험했다.[11] 그의 아버지는 얼마 지나지 않아 재혼했다. 1644년, 존 번연은 의회 측 군에 입대하였고, 그 후에 올리버 크롬웰Oliver Cromwell의 신형군New Model Army에 편재되었다. 그중에서도 "오랜 기간 동안 임금이 체불되고, 무기와 장비가 낙후된 부대"인 뉴포트 패그넬Newport Pagnell에 있는 수비대에서 복무했다.[12]

때때로 하나님께서는 그의 생명을 놀라운 방식으로 구하기도 하셨다. "제가 군인이었을 때, 나는 몇몇 다른 사람들과 포위하는 임무로부터 열외 되곤 했습니다. 그때도 제가 선발될 차례가 되었을 때 같은 방을 쓰고 있는 중대원 중의 하나가 저의 동의를 얻고 자원하여, 저 대신 선발된 적이 있었습니다.

---

10. Bunyan, *Grace Abounding*, 4; *Works*, 1:6-7을 보라.

11. Jay Green, "Bunyan, John," in The *Encyclopedia of Christianity*, ed. Gary G. Cohen (Marshalltown, DE: The National Foundation for Christian Education, 1968), 2:221.

12. *ODNB*, 8:702. 13. Bunyan, *Grace Abounding*, 6; *Works*, 1:7을 보라.

그렇게 선발된 동료는 포위작전에 투입되어 보초를 서고 있는 중 머리에 머스킷 총의 탄알을 맞아 죽고 말았습니다."13

그는 청교도들의 설교를 통하여 복음을 접했을 수도 있었을 것이다. 아니면 병사 중에 있었던 급진적인 종파주의자들에게서 들었을 수도 있다. 혹은 1642년에 이미 벤자민 콕스Benjamin Coxe가 브레드포드에 왔을 때 그의 설교를 통하여 침례교의 가르침을 접했을 가능성도 있다. 콕스는 후에 초기 특수 침례교Particular Baptist 신앙고백인 1644년 런던 신앙고백서의 서명자가 된다.14

내전은 1648년에 다시 발발했다. 하지만 번연은 이미 1647년에 군대를 떠나 땜장이의 삶으로 돌아갔다. 1905년에 발견된 그의 휴대용 모루에는 그의 이름과 함께 '1647'이 새겨져 있었다. 휴대용 모루를 들고 먼 거리를 이동하였을 그는 『천로역정』의 순례자처럼 짐을 진다는 의미가 무엇인지 이해하고 있었다. 당시 발견된 휴대용 모루의 무게는 60파운드였다.15

---

13. Bunyan, *Grace Abounding*, 6; *Works*, 1:7을 보라.
14. Richard L. Greaves, *Glimpses of Glory: John Bunyan and English Dissent* (Stanford, CA: Stanford University Press, 2002), 62; Joseph Ivimey, *A History of the English Baptists*, vol. 2 (London: for the author, 1814), 14.
15. 약 27kg.

1649년 봄, 찰스 1세는 재판에서 유죄를 선고받아 반역자로 처형당했다. 이로써 영국은 군주제를 폐지하고 연방제로 전환하였다. 같은 해, 번연은 결혼했다. 그의 신부의 이름은 밝혀지지 않았다. 그의 새 가정에 첫 아이, 메리가 태어났을 때 가정에 시련이 찾아왔는데, 메리는 날 때부터 소경이었다.[16] 1650년 7월 20일, 메리는 세례를 받았고, 이어서 그 가정에 3명의 아이가 더 태어났다.

그는 무례와 반항으로 20대 초반을 보낸 젊은 청년이었다. 어머니와 누이의 죽음을 겪었고, 20살이 채 되지 않았을 때, 전쟁의 공포를 경험했다. 또한 그는 교육을 거의 못 받은 사람이었고, 당시의 언어로 "기계공"이라 불리는 육체노동을 하는 사람이었다. 그는 더러운 입과 더러운 영혼을 가진 채 무명으로 그 생을 마감했을는지도 모른다. 그런 그가 경건한 그리스도인이자 목회자가 되는 것은 있음직하지 않을 것으로 보였으며, 최고의 기독교 작가가 되는 것은 거의 불가능에 가까워 보였다. 그렇기 때문에 번연의 젊은 시절은 우리에게 더욱 큰 교훈을 준다. 사도 바울은 고린도전서 1:26-27에서 "형제들아 너희를 부르심을 보라 육체를 따라 지혜로운 자가 많

---

16. Hill, *A Tinker and a Poor Man*, 57, 59.

지 아니하며 능한 자가 많지 아니하며 문벌 좋은 자가 많지 아니하도다 그러나 하나님께서 세상의 미련한 것들을 택하사 지혜 있는 자들을 부끄럽게 하려 하시고"라고 말한다. 이 말씀처럼 존 번연은 하나님께서 기뻐하시는 자를 선택하시는 주권의 빛나는 본보기이다. 주님을 두려워하는 첫걸음 중 하나는 하나님을 하나님으로 인식하고, 다른 하나는 나 자신을 하나님과 같지 않다고 인식하는 것이다.

주님은 인간의 예상을 뒤집는 것을 기뻐하신다. 하나님께서는 이를 그의 고귀한 목적, "이는 아무 육체도 하나님 앞에서 자랑하지 못하게 하려 하심이라"(고전 1:29)를 이루시기 위해 행하신다. 그리스도는 신자들의 전부다. (그리스도께서는 신자들의) "지혜와 의로움과 거룩함과 구원함이 되셨으니 기록된 바 자랑하는 자는 주 안에서 자랑하라 함과 같게 하려 함이라"(고전 1:30-31). 그리스도를 믿고, 그가 그의 백성을 사랑하심을 믿는다면, 하나님께 감사하십시오(엡 1:15-16 참고). 은사는 그리스도의 은혜로운 선물이기에, 은사와 능력이 있다면, 자신을 자랑하지 말고 주 안에서 자랑하십시오(엡 4:7 참고). 또한, 다른 사람을 바라볼 때, 어떤 사람도 육신에 따라 판단하지 마십시오(고후 5:16 참고). 하나님께서는 누구든지, 죄인 중의 괴수라 할지라도 예수 그리스도의 유익한 종으로 바꾸어 사용하실 수 있다. 그렇다. 당신이 평생 하나님을 저주했다 할지라도, 삶에서 비극과 폭력을 보았다 할지라도, 하나님께서는 예수 그리스도를 통하여 당신의 인생을 아름답게 하실 수 있다. 하지만 번연이 그랬던 것처럼, 이 모든 것은 마음에서 시작되어야 한다.

마음에 역사하시는 하나님

번연의 경건한 아내는 가난한 가정이지만, 지참금으로 그에게 두 권의 책을 가져다주었다. 한 권은 아서 덴트Arthur Dent(1553-1607)의 『평신도의 천국으로 향하는 길』*The Plain Man's Pathway to Heaven*로, 네 사람이 나누는 대화를 통해 복음과 그리스도인의 삶에 대하여 나누는 고전 경건 서적이다. 다른 한 권은 루이스 베일리Lewis Bayly(약 1575-1631)가 쓴 『경건의 실천』*The Practice of Piety*으로 그리스도의 재림을 준비하는 길에서 하나님과 천국, 지옥, 경건을 함양하는 삶에 대해 묘사한다. 번연과 그의 아내는 때때로 이 책들을 함께 읽었으며, 그녀는 그에게 그녀의 아버지의 거룩한 삶에 대해 말해주기도 하였다.

번연은 기독교적 영향을 받았지만 영국 성공회의 성직자와 예식에서 보이는 외적인 종교 행사에 참여했고 미신적인 요소에 관심을 보였다. 목사인 크리스토퍼 홀Christopher Hall은 안식일을 지키지 않는 것에 대해 책망하며 강하게 설교하였지만, 번연은 주일에 평소에 하던 게임을 즐기며 무시하였다. 하지만 양심이 그를 질타했다. 양심의 질타는 곧 자신이 모든 희망으로도 어찌할 수가 없는 저주를 받았는지도 모르겠다고 생각하게 했다. 그런데도 이러한 절망이 오히려 그를 더욱 강퍅하게 만들었고, 그는 계속해서 "마음의 탐욕으로 죄를 지었다." 번연의 이런 모습은 그가 마을의 모든 아이를 타락시킬까 두려웠던 한 여성이 스스로는 평판이 형편없었음에도 그가 일삼는 저주와 맹세를 질책할 때까지 지속되었다. 그녀의 책망으로 번연은 무척 부끄러워했고, 오랫동안 계속된 저주하며 맹세하는 습관을 버리게 되었으며, 또한 그는 성경을 읽기 시작했다. 하지만 겉으로는 하나님의 계명을 지키며 그의 도덕성을 개선하는 듯 보였으나 여전히 예수 그리스도와 그가 행하신 구원 사역에 관하여는 무지했다.[17]

이때는 영국에서 청교도가 우세했던 시기다. 올리버 크롬

---

17. Bunyan, *Grace Abounding*, 10-14; *Works*, 1:8-9을 보라.

웰은 우스터 전투Battle of Worcester(1651년 9월 3일)에서 신형군을 이끌고 왕당파 군대Royalist forces를 격파했고, 이 전투로 인하여 처형당한 군주의 아들인 찰스 2세는 프랑스로 망명했다. 크롬웰은 1653년부터 1658년까지 호국경Lord Protector으로 영국을 다스렸다. 이 무렵 10년 동안 수많은 종류의 종파가 생겨났다. 동시에 청교도들이 복음적 진리와 경건에 헌신하고, 자유로이 모이며, 그들의 양심에 따라 하나님을 예배할 수 있었다. 번연은 이러한 청교도들과 만날 수 있었다. 그리고 하나님께서는 그들의 모범과 증거를 통해 번연의 삶을 변화시키셨다.

어느 날, 번연은 땜장이 일을 하기 위해 베드퍼드로 향하는 길에서 "세네 명의 여성이 문지방에 걸터앉아 햇볕을 받으며 하나님에 관하여 이런저런 이야기를 하는 장면"을 우연히 발견했다. 지금까지 스스로가 꽤 독실하다고 여겼던 그는 그들과 함께 대화를 나누고자 했다. 그러나 그들이 나누었던 대화는 번연의 생각을 단숨에 뒤흔들어 놓았다.

> 나는 들었지만 이해하지 못했다. 그들은 내가 닿을 수 없을 정도로 높은 곳에 있었다. 그들의 말은 거듭남에 관한 것이었고, 마음에 역사하시는 하나님에 관한 것이었으며, 그리고 어떻게

자신의 비참한 본성을 확신하게 되었는지에 관한 것이었다. 그들은 주 예수 안에서 어떻게 그들의 영혼에 하나님의 사랑이 찾아왔는지 말했으며, 그리고 어떤 말씀과 약속으로 새롭게 되고, 위로와 도우심을 받아 마귀의 유혹을 이겨낼 수 있는지를 나눴다. … 또한 그들은 자신들의 가증스러운 마음과 불신에 대해 서로 고백했다. 또한 그들은 자기 의를 경멸하고 증오하며, 저주하였고, 자기 의는 결코 어떠한 선도 행할 수 없는 추악한 것이라고 고백했다. 그리고 나는 그들이 내면의 기쁨으로 말미암아 이런 대화를 할 수 있다고 느꼈다.[18]

그는 이내 자신에게 있는 위선을 발견했고 동시에 이 여성들이 소유하고 있는 신앙을 갖고자 하는 마음속 갈망도 발견했다. 그들은 번연에게 베드퍼드의 독립파 회중교회Independent Congregational Church를 담임하고 있는 존 기포드John Gifford 목사를 소개했다. 기포드 목사는 왕의 군대에서 소령으로 복무했으며, 베드퍼드에서 약제사 또는 약사로도 일했다. 기포드 목사는 청교도인 로버트 볼턴Robert Bolton(1572-1631)의 저서를 읽고 회심하기 전까지 부도덕한

---

18. Bunyan, *Grace Abounding*, 17; *Works*, 1:10을 보라. 원본은 "me-thought they spake"라고 쓰여 있다.

삶을 살았다. 그가 담임하는 교회는 1650년에 개척되었는데, 개척당시 개척 멤버 중 하나였던 기포드를 담임목사로 세웠다. 또한 그는 1653년 베드퍼드 지역 성 세례요한의 교구 목사로 임명되어 1655년 9월 21일에 사망할 때까지 평생을 섬겼다. 기포드 목사가 담임하였던 독립파 회중 교회의 성도가 되는 자격요건은 그저 "그리스도를 구주로 믿는 것과 삶의 거룩함"이었다.[19] 따라서 기포드 목사님은 번연을 그의 집으로 초대하여 "하나님과의 영적 교제"에 대한 번연의 이야기를 듣고자 했다.[20] 지난날 기포드 역시도 하나님과의 영적 교제를 통하여 죄에 대한 깊은 확신을 가질 수 있었다.

이때부터 번연은 스스로 질문을 던지고, 그 질문에 대한 답을 찾는 과정에 들어갔고, 이 과정은 아마도 1658년까지 이어졌을 것이다.[21] 이 기간에 그는 랜터파Ranters와도 마주했다. 그들은 범신론자들이며, 성적 부도덕과 사회적 격변에 관하여 율법폐기론 운동을 펼쳤다. 번연은 이들의 급진적인 가

---

19. Greaves, Glimpses of Glory, 63쪽에서 인용했다. Gifford에 관하여는 J. S. Macauley, "Gifford, John," *Biographical Dictionary of British Radicals in the Seventeenth Century*, ed. Richard L. Greaves and Robert Zaller (Brighton, UK: Harvester, 1983), 2:9을 보라.

20. Bunyan, *Grace Abounding*, 36-37; *Works*, 1:15을 보라.

21. *ODNB*, 8:702.

르침을 거부했다.²² 그들의 가르침보다 번연에게 더욱 중요한 것은 의심과 죄책감, 두려움, 절망, 하나님을 모독하려는 유혹 등에 대항하는 치열한 몸부림이었다. 성경에 나타나는 하나님의 진노가 번연을 두렵게도 했지만, 동시에 소위 "말씀으로 인한 내적 갈등"으로 힘겨운 싸움을 겪는 번연의 마음 속에 하나님께서는 은혜를 허락하셨다.²³ 또한 번연은 이 과정들 속에서 하나님의 공의를 이루고, 죄인들에게 하나님과 화평을 누리게 하기 위해 성육신하신 주 예수의 죽음에 대한 지식이 자라나면서 안식을 찾을 수 있었다(고후 5:21; 골 1:20; 히 2:14~15 참고). 하나님께서는 기포드 목사를 통하여 번연에게 많은 은혜를 베풀어주셨다. 번연은 "기포드 목사에게서 많은 도움과 가르침을 받았는데, 이로 인하여 신앙의 안정을 찾을 수 있었다."²⁴

마틴 루터(1483-1546)의 갈라디아서 주석을 읽을 수 있었던 것은 번연에게 큰 축복이었다. 번연은 주석을 읽으면서, "그의 책이 내 마음에 쓰인 것처럼 나에 대해서 크고 깊이 다

---

22. 랜터파Ranters의 복잡성에 관하여는 Greaves, *Glimpses of Glory* 67-74을 보라.
23. Hill, *A Tinker and a Poor Man*, 66-68.
24. Bunyan, *Grace Abounding*, 56; *Works*, 1:20을 보라.

루어"**25**지는 것을 경험했다. 루터의 주석(1535)은 1575년에 처음으로 라틴어에서 영어로 번역되었고, 1644년까지 적어도 7회 이상 인쇄될 정도로 영국에서 인기를 얻었다. 이 책의 편집자는 서간에서 "구원을 놓고 신음하며 고통받는 모든 양심에게"**26** 권했다. 루터가 가르치는 "진정한 기독교의 길"은 자신이 율법이 명령하는 선한 일을 행하기 불가능한 죄인임을 깨달아 행위로 말미암아 구원 얻기를 구하는 대신에, 하나님께서 그의 독생자를 보내시고 죄인들을 위해 죽으셨으며, 그들에게 생명을 주심을 믿는 것이었다.**27** 루터의 이러한 가르침은 그동안 번연이 했던 경험과 깊이 맞물렸다. "그러므로 하나님께서는 바위를 부술 수 있는 강한 망치나 강력한 도구를 가지고 계심이 틀림없습니다. … 어떤 사람은 다듬어짐과 "깨어짐"을 통해 아무것도 남지 않는 상태가 되었을 때, 비로소 자신의 힘과 자신의 의와 자신의 거룩에 절망을 느끼게 될 것이며, 결국에는 철저하게 두려움에 휩싸여 자비와 죄 사함을 갈망하게 될 것입니다."**28** 또한 번연은 이어지는 루터의 고

---

25. Richard L. Greaves, *John Bunyan*, Courtenay Studies in Reformation Theology 2 (Grand Rapids: Eerdmans, 1969), 18.
26. Luther, *Galatians*, A2r.
27. Luther, *Galatians*, fol. 62v-63r [on Gal. 2:16].
28. Luther, *Galatians*, fol. 166v [on Gal. 3:23].

백에서 소망을 발견했다. "믿음은 그리스도를 붙잡게 하고, 그리스도께서 임재하시도록 하며, 그리스도께서 귀한 보석을 감싸듯 나를 붙드시게 하십니다. 이처럼 누구든지 그리스도에 대한 확신이 마음 가운데 분명히 있다면, 하나님께서 그를 의롭다고 여겨주십니다. … 그러므로 하나님께서는 오직 그리스도를 믿는 우리의 믿음으로 우리를 의롭다 여겨주시는 것입니다."[29]

번연이 진리를 붙잡고 나서야 진정한 돌파구가 찾아왔다. 그 진리는 그리스도의 의가 모든 신자에게 전가되는 것과 하나님께서 그렇게 여기신다는 것이다. 어느 날 번연이 들판을 걷고 있는 중 하나님께서는 그리스도의 의를 그의 영혼에 드러내셨고, 확신을 갖게 하셨다. 번연은 이 잊지 못할 경험에 대하여 다음과 같이 기록하였다.

> 어느 날, 나는 들판을 지나가고 있었다. … 그때 이 말씀이 나의 영혼에 임하였다. "너의 의는 하늘에 있노라." 그와 동시에 하나님의 오른편에 계시는 예수 그리스도께서 내 영의 눈에 보이는 것 같았다. 나는 고백했다. "주여, 내 의가 거기 있습니다." 그

---

29. Luther, *Galatians*, fol. 65v-66r [on Gal. 2:16].

동안 하나님께서 내가 어디에 있든지, 거기서 무엇을 하든지 내게서 "의를 찾지 않으셨던" 이유는 의가 언제나 그분 앞에 있었기 때문이다. 그리고 내가 본 것은 마음의 선한 모습이 의를 더 낫게 하지도, 악한 모습이 의를 더 못하게 하지도 않는다는 것이었다. "어제나 오늘이나 영원토록 동일하신"(히 13:8) 예수 그리스도께서 나의 의가 되신다. 그러자 쇠사슬이 실제로 내 다리에서 벗겨졌다. 고난과 족쇄에서 풀려났다. 유혹도 도망쳤다. … 하나님의 은혜와 사랑을 기뻐하며 집으로 갔다. 그때부터 나는 그리스도를 통해 하나님과 아주 달콤한 화평을 누린다. 오, 나는 그리스도를 생각한다! 그리스도! 내 눈앞에는 그리스도 외에 아무것도 없다.[30]

번연이 밖을 바라보며 마음을 그리스도께 의지할 때 평강이 찾아왔다. 그리스도, 그리고 그의 의와 함께라면 그는 더 이상 하나님의 의로우신 심판을 두려워할 필요가 없었다. 루터는 다음과 같이 기록하였다. "그러므로 율법이 정죄하고, 죄가 두렵게 할지라도, 바울은 그리스도를 바라보았다. 그리고 바울이 그리스도를 믿음으로 붙들 때, 율법과 죄와 사망과

---

30. Bunyan, *Grace Abounding*, 116-18; *Works*, 1:35–36을 보라.

마귀를 이기시고 다스리시는 그리스도는 그와 함께하셨고, 아무도 그를 해하지 못했다."³¹

베드퍼드의 땜장이는 그리스도인의 순례길에서 엄청난 시련을 겪었다. 그 가운데서 그는 때때로 우울증에 시달리기도 했지만, 놀랄만한 영적 힘과 용기, 인내를 끊임없이 보였다. "악인은 쫓아오는 자가 없어도 도망하나 의인은 사자 같이 담대하니라." 하나님으로부터 악함을 용서받고, 의롭다 칭함 받은 번연은 잠언 28:1 말씀처럼 살아갔다. 그리고 하나님께서는 앞으로 다가올 많은 환란에 견딜 수 있는 견고한 기초를 마련하기 위해 그의 마음을 깊게 하셨다.

오늘날 우리는 자기 의로부터 오는 증오로 서로를 헐뜯고 집어삼키는 사람이 아니라, 하나님의 법으로 겸손해지고 그리스도의 의로 강해진 사람, 주님을 섬기는 사자가 필요하다. 또한 만물의 심판자께서 의롭다 여기실 것을 알기에 세상의 부한 자나 심판자 앞에서 하나님의 공의의 편에 설 수 있는 사람들이 필요하다. 그렇기 때문에 주님을 섬기기 전에, 반드시 주님께로부터 구원을 얻어야 한다.

---

31. Luther, *Galatians*, fol. 66v [on Gal. 2:16].

2
그리스도를 위한 설교자, 그리스도를 위한 죄수

하나님의 축복을 깨닫기까지 야곱처럼 하나님과 씨름하고 있을 때조차도 그 땜장이는 점점 목회자로 준비되어 갔다. 그 가운데 번연이 가진 하나님에 대한 두려움은 그를 그저 수동적으로 무익하게 인도하지 않았다. 대신에 진리와 온유와 의로 행할 수 있도록 활기를 불어넣었다. 실제로 번연은 엄청난 고난을 견뎌낸 설교자였고 말씀을 가르치는 교사였다. 그리고 영국뿐만 아니라 전 세계 사람들에게 영향을 주었다. 하나님의 놀라운 섭리는 영국에 있는 한 마을의 평범한 사람을 선택하셔서 오늘날까지 수많은 사람을 축복하시기 위하여 사용하셨다.

번연의 삶은 절대 변화되지 않을 것 같았던 사도 바울을 변화시킨 말씀을 생각나게 한다. "내가 나 된 것은 하나님의 은혜로 된 것이니 내게 주신 그의 은혜가 헛되지 아니하여 내가 모든 사도보다 더 많이 수고하였으나 내가 한 것이 아니요 오직 나와 함께 하신 하나님의 은혜로라"(고전 15:10). 그토록 바울이 하나님을 섬길 수 있었던 것은 하나님께서 바울에게 허락하신 은혜의 경험으로 인하여 깨어지고 새롭게 되는 원동력이 되었기 때문이다. 바울은 "이는 우리가 다 반드시 그리스도의 심판대 앞에 나타나게 되어 각각 선악 간에 그 몸으로 행한 것을 따라 받으려 함이라 우리는 주의 두려우심을 알므로 사람들을 권면하거니와 우리가 하나님 앞에 알리어졌으니 또 너희의 양심에도 알리어지기를 바라노라"(고후 5:10-11)라고 말했다. 이와 마찬가지로 지옥에 대한 두려움은 하나님에 대한 거룩하고 사랑이 깊은 두려움으로 들어가는 문이 되었으며, 또한 번연에게는 사람들이 어떠한 반대를 하든지 그리스도에 대한 진리를 설교할 수 있도록 인도했다.

왕국을 위하여 목소리와 펜을 사용하다

존 번연의 목회자였던 존 기포드가 1655년 사망한 후, 존 버튼John Burton이 목회를 대신했다. 그때 당시에 번연은 아직 영적 우울증이라는 어둠에서 벗어나 믿음의 확신이라는 빛으로 완전히 나아오지 못했음에도 불구하고 베드퍼드 교회로부터 설교 요청을 받는 경우가 잦아졌다. 그는 설교를 하는 것 외에도 『공개된 몇 가지 복음의 진리들』*Some Gospel-Truths Opened*(1656년)을 출판했고, 친우회 또는 "퀘이커"라 불리는 자들과 충돌한 전후에 『변호』*Vindication*(1657년)를 출판했다.[1]

존 버튼은 『공개된 몇 가지 복음의 진리들』의 "독자들에게 보내는 서신"이라는 제목의 추천사에서 번연을 가리켜 "사람에게서 지혜와 가르침을 받진 않았지만, 세상이 아닌 천상의 대학, 그리스도의 교회로부터 선발되어, 은혜로 말미암아 하나님의 가르침을 받은 사람"이라고 소개했다. "성도들"은 벌써 믿음 안에 있는 번연의 "건실함을 경험했고, 그의 경건한 말을 들었으며, 설교의 능력을 확인했습니다. … 번연의 설교는 죄인들을 회심케 했습니다."[2] 그리스도인으로서, 그리고 설교자로서 그에 대한 베드퍼드 교회의 평가는 급속도로

---

1. John Bunyan, *Grace Abounding to the Chief of Sinners*, 8th ed. (London: Nath. Ponder, 1692), 60; *Works*, 1:21을 보라. 17세기 중엽부터 친우회의 가르침이 바뀌었으며, 몇몇 근대 퀘이커들이 복음적 믿음을 받아드렸다는 것을 주목해야 한다.

2. John Burton, "To the Reader," in John Bunyan, *Some Gospel-Truths Opened* (London: J. Wright, 1656), A10v-A12r; *Works*, 2:141을 보라.

좋아졌다. 그는 동시에 종교 당국의 적대적인 주목도 받았다. 아마 1658년 초, 이턴 소컨과 베드퍼드셔 주의 마을에서 전한 설교가 불법("무면허")이었다는 것으로 지목되었다. 그렇지만 심각한 결과는 없었다. 다음 해 그는 교구 목사인 윌리엄 델William Dell의 요청으로 옐든Yelden 교구 교회에서 설교를 한 적이 있었는데, 델은 이 일로 인하여 교구 주민 30여 명으로부터 교구 목사 퇴임을 요청받기도 하였다.[3]

폭풍 구름이 비국교도Nonconformist들에게 몰려들었다. 종교 급진주의자들로 인하여 사회 불안은 계속되었다. 토마스 베너Thomas Venner는 제5왕국Fifth Monarchist의 추종자들을 조직하였다. 말과 무기를 모으고, 지상에 성도들의 왕국을 건설한다는 결의를 담은 신정 선언문을 인쇄하였다. 1657년, 정부는 봉기가 일어나기 직전 그를 체포하고 가두었다.[4] 이듬해, 호국경 크롬웰은 영국을 자신보다 유능하지 못한 아들 리처드Richard의 손에 맡기고 죽었다. 이맘때, 번연은 『지옥에서 들리는 약간의 탄식』*A Few Sighs from Hell*을 출판했다. 이 책은 부자("갑부")와 나사로에 대한 비유를 담고 있는 누가복음

---

3. *ODNB*, 8:703-4.

4. Richard L. Greaves, *Glimpses of Glory: John Bunyan and English Dissent* (Stanford, CA: Stanford University Press, 2002), 90.

16:19-31의 강해서이며, 직업 성직자들과 세속을 조장하는 부자들을 겨냥하였다. 또한 이 책은 번연이 평판 좋은 작가로 인정받는 데 도움을 주었다. 그때 그의 아내가 그와 어린 자녀들을 남겨둔 채 세상을 떠났다

1659년 번연은 『율법과 은혜의 교리』*The Doctrine of the Law and Grace Unfolded*를 출판하였다. 그는 언약 신학의 관점에 대해 상세히 설명하고, 은혜 언약의 성격과 율법과 은혜 사이의 양분을 강조했다. 이 때문에 리차드 백스터Richard Baxter에 의해 율법폐기론antinomianism자로 억울하게 내몰리기는 했지만, 이로써 번연은 개혁주의 구원 교리를 따르는 신학자로 인정받았다.

케임브리지 사서였던 토마스 스미스Thomas Smith(1624-1661)는 번연을 "학식 있는 흉악한 자"라고 칭하며, 설교하기에 역량이 부족하고 허가받지도 못한 그저 땜장이일 뿐이라 비판하였다.[5] 번연에 대한 스미스의 비난에 헨리 덴 Henry Denne(1661년 사망)은 번연이 베드퍼드 교회에 의해 정

---

5. Thomas Smith, *The Quaker Disarm'd, or A True Relation of a Late Public Dispute era at Cambridge* … *With A Letter in Defence of the Ministry, and against Lay-Preachers* (London: J. C., 1659). Thomas Smith에 관하여는 John Peile, *Biographical Register of Christ's College* (Cambridge: Cambridge University Press, 1910), 1:468을 보라.

2. 그리스도를 위한 설교자, 그리스도를 위한 죄수

식으로 위임되었음을 언급하며 "당신은 그가 주전자와 냄비뿐만 아니라 영혼을 살리기 위해 분투하는 땜장이에게 화가 난 것이다"라고 말하였다.[6] 이에 스미스는 다시 번연의 저서를 인용하며 번연을 율법폐기론자로 고발했다.[7] 번연은 죄인들에게 "가장 추악한 상태"라 할지라도 "그리스도께 와야 한다"라고 말하였는데, 스미스는 번연이 죄를 짓도록 조장하고 있다고 해석한 것이다. 스미스는 믿음으로 값없이 주시는 칭의적 복음을 율법폐기론으로 착각한 것이다. 칭의적 복음에 관한 번연의 진술은 다음과 같다.

> [반대자의] 답변. 우리는 예수 그리스도께서 우리를 위해 돌아가셨음을 고백합니다. 그렇다고 그리스도로 인하여 구원 얻을 것을 당연하다고 여기면서, 죄에 거하는 자는 결코 구원을 얻지 못할 것입니다.

---

6. Henry Denne, *The Quaker no Papist, in Answer to The Quaker Disarmed* (London: Francis Smith, 1659), A2r. Denne에 관하여는 B. R. White, *Biographical Dictionary of British Radicals in the Seventeenth Century*, ed. Richard L. Greaves and Robert Zaller (Brighton, UK: Harvester, 1983), 1:223에서 "Denne, Henry"을 보라.

7. Thomas Smith, *A Gagg for the Quakers, with an answer to Mr. Denn's Quaker NO Papist* (London: J. C., 1659), Ar.

대답. 인정합니다. 하지만 제가 다시 말씀드리는 건데, 우리는 인간의 선행을 천국으로 향하는 첫걸음으로 두어서는 안 됩니다. 즉 인간은 그 영혼을 자신의 어떠함에 두지 않고, 전적으로 오직 예수 그리스도와 그의 공로에 의지해야 천국에 가게 될 것입니다.

질문. 잠시만요. 지금 당신이 하는 말은 죄인으로서 그리스도께 나아가야 한다는 말로 들리는데요?

대답. 그렇습니다. 당신이 가장 추악한 상태에 있다 할지라도 당신의 모든 죄를 가지고 나와야 합니다.[8]

번연은 만약 그리스도께서 하나님의 정의를 완전히 충족시키셨다면, 인간은 두려움 없이 죄를 지을 수도 있지 않겠느냐는 반대가 있을 것을 예상했다. 그는 그리스도와의 연합 교리로 이를 설명했다. "반역자여, 반역자여, 여기에는 그리스도 안에 있는 사람도 있고 밖에 있는 사람도 있다. 그리스도 안에 있는 그들의 죄가 사하여졌다. 그들은 새로운 피조물이

---

8. Bunyan, *The Doctrine of the Law and Grace Unfolded* (London: M. Wright 1659), 297; Works, 1:556을 보라..

되었고, 그들 안에는 그 아들의 영, 거룩하시고 사랑하시며, 자기를 부인하신 영이 계신다. … 그들의 영혼은 죄 사함의 은혜를 누리는 만큼 거룩하게 하는 은혜도 누리며, 이 은혜로 인하여 거룩한 삶을 살 수 있다.[9]

번연은 논문을 통하여 독자들에게 존 도드John Dod와 로버트 클리버Robert Cleaver의 *A Plain and Familiar Exposition of the Ten Commandments*를 읽을 것을 추천했다.[10] 이 책은 십계명이 하나님의 말씀이며, 인류의 양심에 새겨져 있기 때문에 "우리는 어떠한 저항이나 반박 없이 순종해야 한다."라고 말한다.[11] 일련의 사실들로 비추어볼 때 번연은 율법폐기론자가 결코 아니다. 다만 오직 믿음으로 의롭다 칭함 받는 것과 선행으로 거룩하여지는 것을 혼동하지 않았을 뿐이다. 그는 "율법에 순종하는 것이 우리 믿음의 열매다."[12]라고 했다. 율법은 죄인들에게는 하나님의 진노의 번개

---

9. Bunyan, *The Doctrine of the Law and Grace Unfolded*, 289; *Works*, 1:554을 보라.

10. Bunyan, *The Doctrine of the Law and Grace Unfolded*, 28 [여백]; *Works*, 1:502을 보라.

11. John Dod and Robert Cleaver, *A Plaine and Familiar Exposition of the Ten Commaundements* (London: by Humfrey Lownes for Thomas Man, 1606), 2.

12. John Bunyan, *A Vindication of the Book Called, Some Gospel-Truths*

로, "그리스도의 율법 아래"(고전 9:21)[13]에 있기 때문에 그리스도 안에 가리어진 이들에게는 "규칙이나 안내"의 역할을 한다. 사망한 후에 출판된 책인 *Paul's Departure and Crown*에서 그는 "듣기 좋은 노래나 음악 같이, 은혜는 말하지만 우리의 책임에 대해서는 아무 말도 하지 않는 복음 설교"를 반대하며, 그리스도의 제자들에게는 반드시 책임이 뒤따른다고 말했다. 그리스도의 제자는 "해야 할 일이 있습니다. 자기를 부인하는 일도 그중 하나입니다."[14]

1659년 번연은 엘리자베스라 하는 여성과 결혼했다. 그녀는 세상을 떠난 그의 첫 번째 부인을 대신하여, 앞이 보이지 않는 메리를 포함한 네 자녀를 양육하였다. 그녀는 앞에 놓인 시련 속에서 그와 그의 자녀들에게 매우 큰 힘이 되었다. 1660년 영국은 찰스 2세를 복위시키며 군주제를 회복했고, 영국 성공회 주교들은 국가 교회의 권력을 되찾았다. 왕의 약속이 있었음에도 불구하고 정부 당국은 영국 성공회에 반대하는 사람들을 박해하기 시작했다. 그 영향으로 베드퍼드 독

Opened (London: Matthias Cowley, 1657), 15; *Works*, 2:190을 보라.

13. John Bunyan, *Of the Law and a Christian*, in Works (1692), 191; *Works*, 2:388을 보라.

14. John Bunyan, *Paul's Departure and Crown*, in Works (1692), 182; *Works*, 1:734을 보라.

립 교회는 성 세례요한 교회 건물을 사용할 권리를 상실했지만, 다른 곳에서 모임을 가졌다.

몇몇 사람들이 번연을 단순히 이야기꾼이라 생각할지 모르지만, 우리는 앞서서 그의 사역 초기에 신학적인 논쟁에 적극적으로 가담했음을 확인했다. 그는 진리를 사랑하였고, 사랑의 신조라는 무기로 진리를 위해 싸웠다. 하나님에 대한 두려움은 하나님의 말씀에 대한 무관심하도록 놔두지 않는다. 우리가 하나님을 두려워하면, 하나님의 말씀의 무한한 무게를 느낄 수밖에 없다. 진리는 삶과 죽음의 문제이다. 잠언 13:13-14은 우리에게 다음과 같이 말한다.

> 말씀을 멸시하는 자는 자기에게 패망을 이루고,
> > 계명을 두려워하는 자는 상을 받느니라.
> 지혜 있는 자의 교훈은 생명의 샘이니,
> > 사망의 그물에서 벗어나게 하느니라.

설령 자유가 박탈될지라도 쉬지 않고 설교를 할 수 있었던 것은 그가 말씀에 나타난 하나님의 영광을 누렸기 때문이다.

믿음의 학교에 갇히다

1660년 11월 12일, 베드퍼드셔주, 로우어 삼젤Lower Samsell의 한 마을에 설교하기 위해 가던 중 번연은 체포되었다. 정부 당국은 번연이 교구 교회에 참석하지 않았고, 불법 모임, 혹은 "비밀집회"를 열었으며, 영국 성공회의 허가를 받지 않고 설교했다는 명목으로 그를 가뒀다. 하지만 "나는 하나님의 말씀을 선포하는 것을 그만두지 않을 것이다. 사람들을 조언하고, 위로하며, 권면하여 가르치는 것 또한 마찬가지다."라고 고백했다.[15] 그가 투옥되는 충격으로 젊은 아내는 조산했고, 아이는 죽고 말았다. 그가 감옥에 있을 때 설교를 중단한다고 약속하면 석방해주겠다는 제안을 받기도 했지만, 거절했다. 오히려 "만약 오늘 감옥 밖을 나간다면, 나는 하나님의 도우심으로 내일 다시 복음을 전할 것이다."라고 말했다.[16] 1661년, 벤너가 제5왕국 반란을 일으켰고, 그 여파로 존 오웬John Owen(1616-1683), 매튜 미드Matthew Meade(1629-1699)와 같은 비국교도들에게 정권을 위협하는 인물로 더 큰 관심이

---

15. John Bunyan, *Relation of the Imprisonment of Mr. John Bunyan* (London: James Buckland, 1765), 8; Works, 1:51을 보라.

16. Bunyan, *Relation of the Imprisonment*, 28; *Works*, 1:57을 보라.

쏠렸지만, 번연의 상황은 나아지지 않았다.[17]

1661년 8월, 번연의 용감한 아내 엘리자베스는 순회 재판소에서 남편을 위해 항소하였다. 순회 재판소는 요즘으로 말하자면 지방 법원의 역할을 하는 기관으로, 민사 및 형사 사건을 정기적으로 일정 기간 심리하는 곳이다. 엘리자베스는 매우 젊었고(당시 열아홉에서 스무 살로 추정된다), 얼마 전에 아이까지 잃었었지만, 놀라운 용기로 권력자들 앞에 섰다. 그녀는 번연이 풀려날 때까지 여러 차례 탄원하였다. 그녀의 항소를 심리했던 판사 중 최소한 한 명 이상은 그녀를 측은히 여겼을 수도 있지만, 법원은 끝내 탄원을 기각했다. 한 판사는 번연을 가리켜 "전염병을 옮기는 자"라고 말하기까지 했다.

다른 판사가 그녀에게 물었다. "당신의 남편이 설교를 그만둘 것 같소? 만약에 그렇게만 한다면, 그를 내보내 주겠소."

그녀는 판사의 질문에 대답했다. "존경하는 재판관님, 내 남편은 말을 할 수 있는 한 절대 설교를 멈추지 않을 것입니다." 번연의 한결같은 모습 때문에 재판관들이 "평화를 어지럽히는 자"로 기소했던 것이다. 하지만 남편은 평화롭게 살길 원하고, 하나님의 부르심을 따르며, 장님 아이를 포함한 네

---

17. Christopher Hill, *A Tinker and a Poor Man: John Bunyan and His Church*, 1628-1688 (New York: Alfred A. Knopf, 1989), 138-39.

명의 자녀를 부양하기를 원한다고 변호하였다.

이에 재판관은 말했다. "풀어준다면 그는 설교할 것이고, 또 그가 (원하는 대로) 행할 것 아니오."

그녀는 대답했다. "그는 하나님의 말씀 외에는 아무것도 설교하지 않습니다."

옆에 있던 또 다른 판사는 엘리자베스의 대답을 듣고 화가 나 그녀를 때릴 것만 같았다. 그 판사는 번연이 사탄의 교리를 설교한다고 주장했다.

이어서 그녀는 담대히 말했다. "존경하는 재판관님, 의로운 재판관이 오시면 그가 전한 교리가 사탄의 교리가 아닌 것을 모두가 알게 될 것입니다."[18] 훗날 번연은 그의 아내에 대하여 다음과 같이 언급했다. "그녀는 영국의 평범한 소농민이었습니다. 하지만 왕관을 쓴 여왕이었다고 한들 그보다 더 위엄있게 말 할 수 있었겠습니까?"[19]

번연은 복음을 설교하기를 그칠 수 없었고, 영국 성공회의 감독하에 예배를 드리는 것을 거부하였기에, 결국 갇히게 되었다. 그 후로부터 12년 동안 감옥에 남았다.

---

18. Bunyan, *Relation of the Imprisonment*, 44-46; *Works*, 1:61을 보라.

19. John Brown, *John Bunyan: His Life, Times, and Work* (London: Hulbert, 1928), 150.

당시 영국은 암흑으로 뒤덮여 있었다. 1662년에 통일령이 제정되었고, 같은 해 8월 24일, 2천여 명의 목사들은 성공회 주교의 안수례와 성공회 공동 기도서The Book of Common Prayer의 예전을 따르지 않는다는 명목으로 강단에서 쫓겨났다. 1664년에는 비밀 집회 금지령The Conventicle Acts이 제정되었고, 허가되지 않은 공적 예배를 위한 집회는 금지되었다. 1665에 제정된 5마일 령The Five Mile Act은 비국교도 목사들이 목회했던 지역이나 자치구로부터 5마일[20] 이내로 들어오는 것을 금지했다. 1665년에는 런던 전역에 흑사병이 퍼져 10만 명 이상의 목숨을 앗아갔으며, 왕과 많은 부자는 도시를 떠났다. 1666년 9월, 흑사병이 가라앉기 시작할 무렵, 런던 대화재가 도시를 뒤덮어 수많은 건물이 무너졌고, 수많은 노숙자와 빈민을 낳았다.

번연은 감옥에서 매우 고통스러워했다. 우리는 『천로역정』에서 절망의 거인Giant Despair이 크리스천과 신실Faithful을 "아주 어둡고, 더럽고, 악취가 나는 지하 감옥"으로 밀어 넣은 장면을 통해 번연의 고통을 조금이나마 엿볼 수 있다.[21]

---

20. 약 8km

21. John Bunyan, *The Pilgrim's Progress from This World, to That Which Is to Come*, 3rd ed. (London: Nath. Ponder, 1679), 195; *Works*, 3:140을 보라.

특히 아내와 아이들과 떨어지는 것을 "살과 뼈가 분리되는 고통"이라고 표현할 정도로 고통스러워했다. 더욱이 앞을 보지 못하는 딸이 보호받지 못하고, 추위에 떨며, 음식을 구걸할 것을 생각하니 "심장이 여러 조각으로 쪼개지는 것 같다."라고 고백했다.[22] 당시 번연은 심한 우울증을 겪었다. 초기 감옥 생활을 언급한 대목에서 그때 자신의 상황을 다음과 같이 기술하였다. "한때 저는 오랫동안 비통에 빠져있었고, 건강도 매우 좋지 않았습니다. … 정말이지 그 당시에는 나의 영혼에 하나님의 모든 역사가 가리어져 있었습니다."[23]

그러나 하나님께서 베드퍼드 감옥을 믿음의 학교로 변화시키셨다. 번연은 이곳에서 "보이지 않는 하나님을 의지하며 사는 것"을 배웠다.[24] 바울이 고린도후서 4:18에서 전하는 메시지를 경험적으로 알게 된 것이다. "우리가 주목하는 것은 보이는 것이 아니요 보이지 않는 것이니 보이는 것은 잠깐이요 보이지 않는 것은 영원함이라"

간수들은 번연에게 제한적이지만 감옥 밖으로 나가 설교할 수 있는 자유를 허락했다. 조지 오포르George Offor는 "베

---

22. Bunyan, *Grace Abounding*, 165; *Works*, 1:48을 보라.
23. Bunyan, *Grace Abounding*, 169; *Works*, 1:49을 보라.
24. Bunyan, *Grace Abounding*, 164; *Works*, 1:48을 보라.

드퍼드셔 주에 있는 침례 회중교회 성도들의 믿음은 자정에 선포되는 그의 설교로 시작되었다"라고 기록했다.[25] 또한 그는 그와 함께 감옥에 수감되어있는 사람들에게도 설교했고 복음을 전했다. 어느 주일 번연이 동료 수감자들에게 설교할 차례가 되었는데, 자신이 "공허하고, 영혼이 없으며, 메말랐음"을 발견했다. 그는 성경을 쭉 읽어 내려갔다. 그리고 요한계시록 마지막 부분, 하늘의 예루살렘을 묘사한 구절에 이르게 되었다. 그는 그때 하늘의 백성들 가운데 계시는 하나님의 영광에 압도되었다. 그는 그 본문을 놓고 기도하였고, 그날 실로 큰 능력으로 설교했다. 훗날 이 당시 했던 설교를 확장하여 『거룩한 도성, 새 예루살렘』*The Holy City: or the New Jerusalem*(1665)을 출간한다.[26]

감옥은 번연에게 대작을 낳을 수 있도록 한 모판이 되었다. 1660년대 중반, 번연은 성경과 폭스의 『순교자 열전』*Book of Martyrs*을 늘 곁에 두며 광범위한 집필활동을 하였다. 그는 1661년, 『유익한 명상』*Profitable Meditations*을 집필하였고, 시로 하나님의 주권과 인간의 회개해야 할 책임에 대해서 나

---

25. George Offor, "Memoir of John Bunyan," in *Works*, 1:lix.
26. John Bunyan, "The Epistle to the Readers," in *The Holy City: or the New Jerusalem* (London: J. Dover, 1665), A3r; *Works*, 3:397을 보라.

타내었다.[27] 1663년에는 『옥중 명상』*Prison Meditations*과 『그리스도인의 행실』*Christian Behaviour*을 집필했다. 그중 특별히 『그리스도인의 행실』은 그리스도인으로 살아가기 위한 안내서가 되었고, 그가 율법폐기론자로 비난받은 것에 대한 반론에 목적이 있었으며, 머지않아 자신이 감옥에서 죽을 것으로 예상하여 유언장으로 쓴 것이기도 하다. 『나는 영으로 기도할 것이다』*I Will Pray with the Spirit*는 모든 참된 기도에서 영혼의 내적인 활동에 초점을 둔 고린도전서 14:15의 강해서이다. 이즈음에, 그는 인간의 삶 속에 있는 하나님의 택하심과 유기에 관하여 *A Map Showing the Order and Causes of Salvation*라는 제목으로 "브로드사이드"(한 쪽짜리 넓은 종이)를 썼다. 당시 예정에 관한 유명한 논문으로 윌리엄 퍼킨스 William Perkins(1558-1602)의 『황금 사슬』*A Golden Chaine*이 있었는데, 번연이 쓴 브로드사이드를 보면 그가 윌리엄 퍼킨스의 논문에 사용된 도표를 잘 숙지하고 있었다는 것을 유추할 수 있다.[28] 1665년에는 『절실한 한 가지』*One Thing Needful*와 『죽은 자의 부활』*The Resurrection of the Dead*을 출간하였다. 『죽은

---

27. *ODNB*, 8:704.
28. Greaves, *Glimpses of Glory*, 173. 이 브로드사이드는 1692년 작품과 함께 재출판 되었다.

자의 부활』은 『거룩한 도성』*The Holy City*의 속편으로 사도행전 24:14-15에서 말하는 부활을 전통적인 방법으로 설명했다. 또한 최후의 심판 날 저주를 받아 지옥에 떨어질 자들에게 닥칠 참혹함을 설명하기 위해 그가 감옥생활에서 겪은 고통을 되돌아보았다.

1666년에 출간된 『죄인 중 괴수에게 넘치는 은혜』는 번연의 영적 자서전이다. 이 책은 번연이 회심하는 중에 몸부림치며 분투한 과정과 하나님으로부터 사역으로의 부르심에 대해 자세히 설명하였는데, 그의 생전에 6판이나 출판되었다.[29] 수감생활 후반부에는 『나의 신앙 고백』*A Confession of My Faith*, 『내 행함의 이유』*A Reason for My Practice*, 『칭의 교리에 대한 변론』*A Defence of the Doctrine of Justification* 등의 집필을 마쳤다. 당시 비국교도들 안에서는 펠라기우스주의Pelagianism, 영국 성공회 안에서는 종교적 광교주의Latitudinarianism가 팽배하였는데, 번연의 수감생활 후반부 저서들은 이들에 대해서 타협이 없고 단호한 비평문이었다. 『나의 신앙 고백』의 서문에서 번연은 다음과 같이 선언했다. "연약한 인생이 오랫동안 지속되어, 심지어 이끼가 나의 이마를 덮어 눈썹까지 내려온다 할

---

29. *ODNB*, 8:705.

지라도, 나는 나의 신앙과 신념을 져버리는 것보다 나의 도움과 나의 방패시요, 전능하신 하나님을 위하여 고통 받는 것을 택할 것이다."[30]

1670년, 번연은 감옥에서 느헤미아 콕스Nehemiah Coxe와 교우했다. 콕스는 번연과 마찬가지로 베드퍼드 회중교회에서 목사로 활동했었는데, 그들은 최소한 일 년 동안 함께 수감되었다.[31] 수감생활을 마친 콕스는 이어서 프랑스 페티Petty 지역의 특수 침례교회Particular Baptist에서 목회자로 섬겼다. 1677년에는 "2차 런던 신앙 고백"the Second London Confession을 준비하는 데 핵심적인 역할을 했으며, 1689년에는 특수 침례교에서 재신임을 받았다.[32] 번연이 수감생활 동안 콕스와 깊은 교제를 나누었지만, 『나의 신앙 고백』에서 드러났듯이 침례교인들과 모든 신학적인 사안에 대해서 의견을 같이 한 것은 아니다. 그는 "개혁주의 예정론적 견해를 가지고, 개

---

30. John Bunyan, "To the Reader," in A *Confession of My Faith, and A Reason of Practice* (London: Francis Smith, 1672), A6v; *Works*, 2:594을 보라.

31. Greaves, *Glimpses of Glory*, 269.

32. Michael A. G. Haykin, *Kiffin, Knollys, and Keach: Rediscovering Our English Day Heritage* (Leeds, UK: Reformation Trust Today, 1996), 68-69. On Coxe, Joseph Ivimey, *A History of the English Baptists*, vol. 2 (London: for the author, 1814), 403-7을 보라.

방된 입교open-membership와 공개 성찬식open-communion(세례 받지 않은 사람도 참석 가능한-옮긴이)을 찬성하는 침례교인이라 일컬어졌다. 『나의 신앙 고백』은 한편으로 신자로서 침례를 받지 않는 사람들에게 성찬을 베푸는 것을 금지하는 "폐쇄 성찬식"closed communion에 찬성하는 특수 침례교인들과, 다른 한편으로 개혁주의 견해인 오직 주권적 은혜에 의한 구원을 받아드리지 않는 일반 침례교인들과의 논쟁을 야기했다.[33]

1672년 찰스 2세는 "신교 자유의 선언"the Royal Declaration of Indulgence을 공표했다. 같은 해 5월 번연은 12년의 투옥생활을 마치고 감옥에서 풀려났다. 베드퍼드 회중교회는 설교에 대한 법이 완화되었음을 알고 1672년 1월 21일 번연을 교회 목회자로 청빙했다. 하지만 영국 의회와 영국 성공회는 손을 잡고 오랜 기다림 끝에 부여된 자유를 또다시 제한시키고자 1672년 심사법Test Act과 같은 법을 제정하였다. 심사법은 교회에서 공직을 가지기 위해서는 영국 성공회에서 주관하는 성찬식에 참여해야 하며, 로마가톨릭의 화체설 교리를 거부해야 한다는 조건을 내걸었다(이로 인해서 비국교도인들과 로마가톨릭 신자 공직에서 제외되었다). 이 무렵에도, 번연은 저술 활동을

---

33. *ODNB*, 8:706.

이어나갔다. 『무지한 자들을 위한 가르침』*Instruction for the Ignorant* (1675)은 구원받은 자와 구원받지 못한 자를 위한 교리 문답으로 자기 부인의 필요성을 강조하였다. 그리스도의 대속으로 속죄함을 얻고, 의의전가로 충족과 칭의가 이루어졌음을 부인하는 퀘이커 교도와 관용주의자들을 향해 비판적으로 논박한 작품인 『어둠 속에 거하는 자들을 위한 빛』*Light for Them that Sit in Darkness*이 1675년 출간되었다. 1676년에는 에베소서 2:5강해인 『은혜로 말미암은 구원』*Saved by Grace*을 출간하여 박해에도 인내하여 경건하게 믿음을 지키도록 그리스도인들에게 용기를 북돋았다. 같은 해 누가복음 13:24강해인 『좁은 문』*The Strait Gate* (1676)이 출간되었고, 죄인들을 복음의 메시지로 깨웠다.

1675년 3월 4일, 번연에게 체포 영장이 발부되었다. 비밀 집회에서 설교했다는 혐의였다. 또다시 그는 1676년 12월에서 1677년까지 투옥되었다. 투옥된 지 1년도 채 안 된 1677년 6월 21일, 링컨Lincoln 주교인 토마스 발로Thomas Barlow는 경고성 보석금으로 그를 석방했다. 그가 풀려날 수 있었던 것은 존 오웬이 번연을 위하여 발로와 대법관 헨에이지 핀

치Heneage Finch에게 선처를 호소했기 때문이다.³⁴ 오웬은 저명한 개혁주의 신학자였다. 그는 호국령Protectorate 당시 옥스퍼드 대학에서 부총장을 역임한 바 있으며, 번연의 사역을 흠모하였다. 존 브라운은 오웬이 찰스 왕에게 했던 말을 기록했다. "가능만하다면, 저는 기꺼이 저의 학식과 사람의 마음을 얻는 그 땜장이의 능력을 맞바꾸겠습니다."³⁵

번연의 인생은 놀라운 역설이다. 그의 설교와 글은 영향력이 있었고, 널리 전파되었다. 하지만 동시에 그의 육체는 연약했고, 어두운 감옥에 오랫동안 갇혀있었다. 때로는 그 어둠이 그의 영혼을 집어삼킬 듯했다. 그러나 하나님을 알았기에 주님을 향한 경외와 믿음이 그를 지탱해주었다. 이사야 50:10은 말한다. "너희 중에 여호와를 경외하며 그의 종의 목소리를 청종하는 자가 누구냐 흑암 중에 행하여 빛이 없는 자라도 여호와의 이름을 의뢰하며 자기 하나님께 의지할지어다." 누구든지 하나님을 두려워하는 자는 깊은 어둠의 골짜기를 지날지라도, 죽음의 그림자가 통과할지라도, 주께서 능력으로 지탱해주신다. 또한 하나님을 두려워하는 자들이 안간힘을 써가며 하나님의 능력을 믿을 때 어둠의 세력을 물러가

---

34. Greaves, *Glimpses of Glory*, 344.
35. John Brown, *John Bunyan*, 366.

고, 하나님께서는 그들에게 완전한 승리를 허락하신다. 그들은 비로소 다른 사람들을 천국으로 인도하는 빛을 발하는 등대가 된다.

천성을 향하는 천로역정

번연은 그의 두 번째 수감생활에서 두 권의 『천로역정』중 첫 번째를 완성하여 1678년에 출판하였다. 그리고 바로 다음 해, 오늘날 우리가 가지고 있는 『천로역정』전체의 이야기를 담은 3판을 출판했는데, 이 과정에서 오웬이 나다니엘 폰더Nathaniel Ponder라는 출판인을 번연에게 소개하는 등 많은 도움을 주었다.[36]

『천로역정』은 파괴의 도시에서 천성으로 향하는 순례자의 여정을 회화적으로 그린 이야기이다. 이 책에 대해 리처드 그리브즈Richard Greaves는 "그리스도인을 군인이자 순례자"라고 말할 수 있는데, 크리스천이 겪어온 "전투와 여행의 여정을 독창적으로 조화시킨 서사이다."라고 평했다.[37] 『천로역

---

36. Greaves, *Glimpses of Glory*, 347.
37. *ODNB*, 8:705.

정』은 주로 가난한 이들 사이에서 유명한 "소책자"Chapbook로 ("소책자"는 주로 소설이며, 한 장의 종이를 접어 8, 16, 24페이지가 되도록 한 작은 크기의 얇은 책이다-옮긴이) 다양한 모험 속에서 일어나는 마귀, 괴물, 거인과의 충돌 등을 담고 있다. 번연은 아서 덴트Arthur Dent가 『평신도의 천국으로 향하는 길』The Plain Man's Pathway to Heaven에서 서술한 방식을 차용했다. 그리고 번연은 이야기의 주인공인 크리스천의 삶 속에서 만나는 여행자들과 주고받는 문답을 통해서 영적 교훈을 전한다. 그뿐만 아니라 청교도인 리처드 버나드Richard Bernard의 작품 『The Isle of Man』(1627)에서 아이디어를 얻어 세속 현자씨Mr. Wordly-Wiseman와 같은 상징적인 인물을 창작했다.[38] 중세 이후 영국에서는 이렇게 도덕적 상징을 사용하는 방식의 설교를 흔히 들을 수 있었다.[39] 망치를 들던 땜장이는 문학적 도구를 손에 들고 아주 멋지고 유쾌한 이야기를 만들어냈다. 그의 이야기는 인상적이고 번뜩이는 방식으로 회심과 성화, 인내에 관한 청교

---

38. W. R. Owens, "The Reception of *The Pilgrim's Progress* in England," in *Bunyan in England and abroad*, ed. M. Van Os and G. J. Schutte (Amsterdam: VU University Press, 1990), 96; Hill, *A Tinker and a Poor Man*, 161, 165.
39. 중세 설교의 영적 상징과 번연의 이야기에서 찾을 수 있는 유사점에 관하여는, Gerald R. Owst, *Literature and Pulpit in Medieval England* (Cambridge: Cambridge University Press, 1933), 97-109을 보라.

도 교리를 자연스럽게 접할 수 있게 했다.

『천로역정』은 당시 노동자의 하루 품삯과 맞먹을 정도로 작은 소책자와는 비교할 수 없는 가격이었지만 불티나게 팔렸다. 1690년에 한 서점에서는 9,500권을 주문했고, 다른 서점에서는 1692년에 10,000권이나 주문했다.[40] 책의 인기는 찰스 도우Charles Doe가 1692년에 "영국에서만 10만 권"이 팔렸다고 발표할 정도였다. 하지만 판매 수를 어떻게 계산했는지 알 수 없기 때문에 도우의 통계에는 의문을 가질 수밖에 없다.[41] 근대의 한 학자는 17세기에 인쇄된 『천로역정』을 "3만 권 이상"으로 추정했다.[42] 이후 1700년까지 22판, 1800년까지 70판, 20세기 초까지 1,300판 이상 인쇄되었다.[43] 1682년에 최초로 네덜란드어로 번역된 이후 5년 만에 5판까지 인쇄되었다.[44] 번연이 살아있을 동안에 프랑스어와 웨일즈어로

---

40. Owens, "The Reception of *The Pilgrim's Progress* in England," 92, 97.

41. Charles Doe, "The Struggler," in *Works* (1692), Ttttt2v.

42. N. H. Keeble, *The Literary Culture of Nonconformity in Later Seventeenth-Century England* (Leicester, UK: Leicester University Press, 1987), 128.

43. Greaves, *Glimpses of Glory*, 612.

44. Jacques B. H. Alblas, "The Reception of *The Pilgrim's Progress* in Holland During the Eighteenth and Nineteenth centuries," in *Bunyan in England and Abroad*, 121.

도 번역되었다. 그리고 지금까지 200개 이상의 언어로 번역되었고, 역대 베스트셀러 중 하나로 평가되고 있다.[45]

번연은 비국교도 목회와 저술 활동을 하며 마지막 여생을 보냈다. 1678년 그는 『내게로 오라』*Come, and welcome, to Jesus Christ*를 출판했다. 『내게로 오라』는 예수 그리스도께 피한 죄인들에게 값없이 주신 구원의 은혜를 감동적으로 선포한 요한복음 6:37강해이다. 또한 주께서 택하시는 능력으로 그리스도께 오는 모든 이들에게 뜻하신 바를 이루시는 것을 가르친다. 이 책은 번연의 생에 마지막 10년 동안 6판까지 인쇄되었다. 『경외함의 진수』*Treatise of the Fear of God*는 1679년 출판되었다. 번연은 『경외함의 진수』를 통하여 주님을 경외한다는 것은 맡겨진 사명에 가지는 "모든 의무에 맛을 내는 소금"과 같다고 말했다. 또한, "주님을 두려워함"이란 "하나님을 향한 모든 의무에 맛을 내는 소금"이라고 말했다. 왜냐하면 "하나님을 경외함으로 맛을 내지 않으면 우리는 하나님께서 받으시는 어떠한 의무도 행할 수 없기 때문이다."[46]

1680년 번연은 『악인 씨의 삶과 죽음』*The Life and Death of*

---

45. *ODNB*, 8:711.

46. John Bunyan, A *Treatise of the Fear of God* (London: N. Ponder, 1679), 2; *Works*, 1:438을 보라.

*Mr. Badman*을 썼다. 이 책은 "번연이 매주 선포한 설교의 내용을 정면으로 거스를 때 보이는 일반적인 삶의 태도와 습관들을 묘사한 스냅 사진들을 모은 사진첩"이라 평가되어왔다.[47] 2년 후에는 『영혼의 위대함』*The Greatness of the Soul*과 『거룩한 전쟁』*The Holy War*을 출판했다. 1684년에는 크리스티나의 순례를 다룬 『천로역정』 2부를 출간했고, 1685년에는 『죄를 대적하기 위한 깨어있음』*Caution to Stir Up to Watch against Sin*과 『일곱째 날 안식일의 성격과 영원성에 대한 질문들』*Questions about the Nature and the Perpetuity of the Seventh-day Sabbath*이 출간되었다.

감옥에서 풀려나자마자 설교의 문이 활짝 열려 번연은 열렬하게 복음을 전했다. 찰스 도우는 1692년 그의 저서에서 다음과 같이 회고하였다.

[감옥에서] 풀려난 번연은 공개적으로 복음을 설교했다. 베드퍼드에서, 런던에서, 그리고 여러 나라에서 설교를 훌륭하게 해냈으며, 할 때마다 많은 사람들이 몰려들었다. 그의 사역은 찰스 2세 치세 후반, 그를 가혹하게 박해하는 대적들의 손에서 구해

---

47. ODNB, 8:707.

주신 하나님께 큰 기쁨이 되었다. 심지어는 그 대적들조차 종종 번연을 찾고, 기다렸으며, 가끔은 그를 그리워하기도 했다.[48]

런던의 겨울, 도우는 이 당시에 번연이 평일 아침 7시에는 약 1,200명에게, 주일에는 약 3,000명에게 말씀을 전했을 것으로 추정하였다.[49]

1685년, 찰스 2세는 로마가톨릭을 받아드린 채 사망하면서 로마가톨릭 신자인 그의 동생 제임스 2세에게 왕위를 넘겨주었다. 제위에 오른 제임스 왕은 자신의 종교에 방해가 되는 심사법Test Act과 같은 법적, 사회적 장애물들로부터 빠져나갈 방법을 모색했다. 이러한 종교적 정치적 불안 속에서 몬머스 공Duke of Monmouth은 난을 일으켰지만 실패하였고, 시민들은 영국이 로마가톨릭으로 돌아가는 것을 점점 두려워했다. 1685년 12월 23일 번연은 이러한 시대의 긴장 속에서 상속 유언장을 남겼다. 감옥으로 다시 가게 되거나, 그보다 더 심한 일이 있을 가능성을 예상하고 자신의 모든 소유를 아내에게 양도하고자 한 것이다. 1686년 제임스 2세는 "종교 관

---

48. Doe, "The Struggler," in Bunyan, Works (1692), Ttttt2r.
49. Doe, "The Struggler," in Bunyan, Works (1692), Ttttt2v.

용정책을 채택했다."⁵⁰ 1687년 번연은 "종교를 다룬 모든 령과 형법을 폐지하려는 분명한 의지를 표명한 의회 의원에게만 찬성표를 던지겠다."라고 말하며 자신이 정부의 정책을 지지하고 있음을 표명했는데, 이를 두고 왕의 대리인은 베드퍼드에 있는 "영국 국교회를 반대하는 목회자"와 인터뷰했다고 발표하였다.⁵¹ 자신이 그동안 바빌론과 적그리스도라 말할 정도로 강하게 반대해왔던 종교인 로마가톨릭이 영국에 영향력을 행사하도록 하는 문이 열리게 될 우려가 있음에도 불구하고 번연이 이러한 입장을 취한 이유는 종교의 양심의 자유가 침해되는 막고자 했던 것이다.

생애 마지막 3년 동안 번연은 계속하여 경건 서적을 저술하였다. 이 시기에 『바리새인과 세리』*The Pharisee and the Publican*, 『구원받은 예루살렘의 죄인』*The Jerusalem Sinner Saved*, 『보혜사 예수 그리스도의 사역』*The Work of Jesus Christ as an Advocate*을 등 열 권이 넘는 책을 썼다. 그는 전 생애에 걸쳐 저술 훈련을 철저하게 거듭했다. 그리브즈Greaves는 번연이 한편의 신학 논문을 쓸 때 하루에 1,000단어 이상, 『거룩한 전쟁』

---

50. *ODNB*, 8:708.

51. George Duckett, ed., *Penal Laws and Test Act: Questions Touching Their Repeal Propounded in 1687-8 by James II* (London, 1883), 59. https://archive.org/details/penallawsandtes00firgoog에서 확인 가능하다.

의 경우에는 하루에 400단어 이상을 주 5일, 10개월 동안 매일같이 구사하였다고 기록했다.[52] 당시는 컴퓨터가 없었을 때이기 때문에 직접 손으로, 그리고 대부분 감옥에서 집필하였다. 번연 스스로가 이러한 훈련을 해올 수 있었던 것은 하나님의 놀라우신 은혜였다.

1688년 여름 어느 날, 한 남성은 번연에게 다가와 소원해진 아버지와 화해하는데 도움이 필요하다고 말했다. 도움을 요청받은 베드퍼드의 목사 번연은 그 남성의 가족의 평화를 위해 레딩Reading으로 향했다. 하지만 가던 도중 폭풍을 만나 비에 흠뻑 젖었고, 열이 심하게 났다. 원인은 아마도 인플루엔자였을 것이고, 합병증으로 폐렴에도 걸렸을 것이라고 추측된다. 결국 번연은 같은 해 8월 31일에 사망했다. 그 주 수요일, 베드퍼드 교회는 "친애하는 번연 형제의 죽음이라는 우리에게 닥친 비통함에 기도로 전념"했다.[53] 번연은 런던의 토마스 굿윈Thomas Goodwin과 존 오웬이 묻힌 곳인 번힐 필즈Bunhill Fields에 안치되었다. 번연의 아내 엘리자베스는 그가 죽은 지

---

52. Greaves, *Glimpses of Glory*, 603.
53. Richard L. Greaves, *introduction to The Miscellaneous Works of John Bunyan*, vol. 11, *Good News for the Vilest of Men, The Advocateship of Jesus Christ*, ed. Richard L. Greaves (Oxford: Oxford University Press, 1985), xxi.

3년 후, 그의 아들 존과 토마스, 요셉, 그리고 그의 딸 엘리자베스와 사라(맹인이었던 메리는 이미 사망했다)를 남기고 1691년에 사망했다. 그가 남긴 재산은 기껏해야 42파운드 19실링 정도의 가치가 있었는데, 저서들의 로열티를 거의 받지 못했거나 소유 대부분을 다른 이들에게 나누어주었기 때문일 것이다.[54]

번연이 사망하고 몇 달 후에 명예혁명이 일어났다. 영국 의회는 제임스 2세를 왕좌에서 끌어 내렸고, 그 자리에 윌리엄 3세와 메리 2세를 왕과 왕비로 추대했다. 이때 제정된 관용법The Act of Toleration(1689)은 비국교 개신교인들에게 예배를 드릴 수 있는 자유를 주었다. 역설적으로, 번연은 자유가 찾아오기 바로 직전에 죽은 것이다. 하나님의 섭리처럼 말이다.

번연의 저서들은 언론에 꾸준히 거론되었다. 물론 많은 책은 개별적으로 출판되었는데, 그중 『천로역정』이 대표적이다. 찰스 도우는 번연의 저서들을 한 권으로 묶어서 폴리오folio edition 형식으로 편집했다. 도우의 편집본에는 『천로역정』과 『거룩한 전쟁』 등 몇몇 저서들은 제외되었다. 1736년과 1737년에는 에베니저 챈들러Ebenezer Chandler와 사무엘 윌슨Samuel Wilson이 편집한 번연 저서들의 완전판이 출간되

---

54. Greaves, *Glimpses of Glory*, 597-99.

었다. 하지만 완성도가 높은 편집본은 1767년 조지 휫필드의 서문과 함께 출간되었다. 오늘날 가장 많이 사용되는 번연 저서들의 편집본은 1853년 조지 오포르George Offor가 3권짜리로 진리의 깃발이라는 출판사를 통해서 출간했다. 20세기 후반, 로져 샤록Roger Sharrock은 『천로역정』, 『넘치는 은혜』, 『거룩한 전쟁』, 『악인 씨』와 번연의 학술 논문을 포함한 기타 작품 13권을 옥스퍼드대 출판사에서 출간했다. 사망하기 바로 전, 번연은 『드리기 합당한 제물』*The Acceptable Sacrifice: Or the Excellency of a Broken Heart*(1689년에 출간)의 원고를 출판인에게 전달했다. 이 책은 시편 51:17을 중심으로 쓰였다. "하나님께서 구하시는 제사는 상한 심령이라 하나님이여 상하고 통회하는 마음을 주께서 멸시하지 아니하시리이다" 이 구절은 번연의 영적 순례를 여러 방면으로 말해주고 있다. 조지 코케인George Cokayn은 책의 서문에서 다음과 같이 진술했다. "(지금까지 그를 위하여 많은 일을 행하신) 하나님께서 지금도 여전히 그를 말씀으로 깎으시고 두드리십니다. 때로는 극복하기 어려운 유혹과 견디기 힘든 외로운 시간도 주십니다. 이 책은 그런 상황 속에서 번연의 마음을 그려낸 청사진입니다."[55] 번연

---

55. George Cokayn, "A Preface to the Reader," in John Bunyan, *The Acceptable Sacrifice: Or the Excellency of a Broken Heart* (London:

은 다음과 같이 말했다. "상한 마음은 하나님의 작품입니다. … 그는 상한 마음을 통하여 여시고, 성령의 은혜를 받을만한 그릇을 준비시키십니다. 마음은 하나님께서 복음의 보석을 쌓아놓으신 보석함입니다. 잠긴 보석함을 열면 그 보석들이 나타납니다. 하나님께서는 그곳에 두려움을 두시고 … 하나님의 율법을 기록하십니다."[56]

여호와를 경외함이라는 값진 보석을 담기에 합당한 그릇으로 만드시고, 우리는 교회를 부요케 하시기 위해 하나님께서 번연의 마음을 상하게 하셨음을 감사해야 할 것이다. 하나님께서 한 사람을 깨뜨리시는 것을 본다는 것은 놀라운 일이다. 한 사람을 깨뜨리심으로 다른 이들을 유익하게 하시며, 그의 삶으로부터 그리스도의 영광이 밝게 빛나게 하신다. 바울은 고린도후서 4:6-9, 12에 그와 같은 사실을 기록하였다.

> 어두운 데에 빛이 비치라 말씀하셨던 그 하나님께서 예수 그리스도의 얼굴에 있는 하나님의 영광을 아는 빛을 우리 마음에 비추셨느니라 우리가 이 보배를 질그릇에 가졌으니 이는 심히 큰 능력은 하나님께 있고 우리에게 있지 아니함을 알게 하려 함이

George Larkin, 1689), A2v.

56. Bunyan, *The Acceptable Sacrifice*, 150; *Works*, 1:709을 보라.

라 우리가 사방으로 우겨쌈을 당하여도 싸이지 아니하며 답답한 일을 당하여도 낙심하지 아니하며 박해를 받아도 버린 바 되지 아니하며 거꾸러뜨림을 당하여도 망하지 아니하고 … 그런즉 사망은 우리 안에서 역사하고 생명은 너희 안에서 역사하느니라.

우리는 하나님께서 깨드리시는 것을 결코 두려워하지 말아야 한다. 그가 우리를 깨뜨리셔서 천국의 보화로 채우시고, 세상을 깨뜨리셔서 그리스도의 향기로 채우신다.

3
하나님의 두렵고
무시무시한 위엄

　　　　　　번연이 감옥살이를 시작하고 100년이 되는 해, 위대한 전도자 조지 횟필드(1714-1770)는 새롭게 편집된 『존 번연의 전집』*Works*의 서문을 기고했다. 그는 (한때 번연을 박해했던 교단인)영국 성공회의 목사였지만, 번연의 작품들과 청교도들을 사랑했다. 횟필드는 교회의 복음적 핵심 원리를 정리했고, 영국과 미국에서 그리스도를 전파하는데 일생을 헌신했다. 그는 번연을 자유롭고 주권적인 하나님의 은혜를 나타낸 아름다운 본보기로 삼았다. 하나님께서는 악하고 별 볼 일 없는 사람을 택하시고, 성령님의 전능하신 역사로 말미암아 택하신 사람을 빚어나가신다. 횟필드는 "죄인들의 마음 가운데 있는 사탄의 견고한 진을 무너뜨리시는 데" 『존 번연의 전집』을 사용하셨다고 말했다. 매튜 헨리 성경주석, 존 플레블과 존 오웬의 저서들과 마찬가지로 『존 번연의 전집』을 출판하는 것은 인류로부터 오직 하나님만이 영광 받으시길 갈망했던 횟필드에게 큰 기쁨이었다.[1]

그렇다면 무엇이 존 번연의 저서들을 유익하게 하는가? 한 가지 분명한 이유는 그의 저서들이 성경의 말씀과 진리로 가득했다는 것이다. 더불어 성경이 그러한 것처럼, 그의 책을 통하여 하나님의 거룩하심이 탁월하다는 것을 깨닫게 된다. 순례자의 이야기를 써 내려갈 때도, 성경의 가르침을 설명하는 글을 쓸 때도, 번연은 시간과 영원에 거하시는 의로우신 하나님의 임재 속에 살면서 주시는 하나님을 아는 깊고 넓은 지식으로 펜을 들었다.

하나님의 한량없는 위엄

번연은 하나님에 대한 높은 시각을 가지고 있었다. 특히 하나님에 대한 두려움은 하나님의 본성과 뗄 수 없는 것으로 보았다. "이방 사람들의 왕이시여 주를 경외하지 아니할 자가 누

---

1. George Whitefield, *The Works of that Eminent Servant of Christ Mr. John Bunyan*의 서문, 3rd ed. (London: W. Johnston, 1767), 1:iii-iv.

구리이까"(렘 10:7). 하나님께서는 언제나 하나님이시기에 하나님의 은혜조차도 경외심을 갖게 한다(시 130:4 참고). 이렇듯 번연에게는 하나님에 대한 지식의 신학적 뿌리로 늘 경건이 자리 잡고 있었다. 그는 하나님을 알았기 때문에 하나님을 두려워했다.

하나님은 누구신가? 번연은 다음과 같이 대답했다. "하나님은 영이십니다. 영원하시며, 무한하시고, 이해하기 불가능하시며, 완전하시고, 말할 수 없는 영광이 그의 존재와 속성과 역사에 충만하십니다. 하나님은 영원하신 하나님이십니다." 인간이 하나님의 "속성, 예를 들면, 지혜로우심, 전능하심, 의로우심, 거룩하심, 자비로우심 등"을 말할 때도 하나님께서는 인간의 이해 한참 밖에 있으며, "상상할 수 없을 만큼 완전하고 무한하시다." 우리는 이외에도 다른 속성들을 말할 수 있다. 하지만 실제로 이들은 하나님의 속성에 속하는 것이 아니라 신성하신 하나님의 단순성에 속한다. 천사들조차 하나님의 근본적인 영광에 대한 정확한 이해를 가지고 있지 않다. 하나님께서는 "오직 스스로만이 그의 존재의 완전함을 알고 계신다."[2]

---

2. John Bunyan, *Exposition on the Ten First Chapters of Genesis, and Part of the Eleventh*, in *Works* (1692), 1; *Works*, 2:414을 보라. 책의 여백에 다

한 땜장이가 하나님에 대해 말하는데 이토록 깊이 있는 신학적인 언어를 구사한다는 것에 독자들은 놀랄 수도 있을 것이다. 번연은 개혁주의 정통에 잔뜩 취해있었다. 이 정통은 종교개혁자들과 청교도들의 저서들을 통해 이어져 내려온 성경 교리의 유산이다. 우리는 하나님에 대한 번연의 고백과 웨스트민스터 소요리문답(1647)을 비교해 볼 수 있다. "하나님은 영이십니다. 그분은 존재와 지혜와 권능과 거룩함과 의로우심과 선하심과 진실하심에서 무한하시며 무궁하시며 불변하십니다."[3] 벨직 신앙고백서(1561)에서도 마찬가지로 하나님께서는 "영원하시고, 인간의 이해를 초월하신 분이시며, 불가시적이시고, 불변하시고, 무한하시며, 전능하시고, 지혜에 있어서는 완전하시며, 의로우시고, 선하시며, 모든 선의 넘치는 근원이 되십니다."라고 선언한다.[4]

음 구절들을 이용하였다. 요 4:24; 신 33:27; 히 4:12-13; 잠 15:11; 롬 1:20; 창 17:1; 사 6:2; 출 33:20 [몇몇 자료는 수정되었다]. 이와 비슷한 서술은 John Bunyan, *A Confession of My Faith, and A Reason of My Practice* (London: Francis Smith, 1672), 1-2, in *Works*, 2:594을 보라.

3. Westminster Shorter Catechism (Q.4), in *Reformed Confessions of the Sixteenth and Seventeenth centuries in English Translation*, vol. 4, 1600-1693, ed. James T. Dennison Jr. (Grand Rapids: Reformation Heritage Books, 2014), 353. 동일한 표현을 1693년에 특수 침례교(Particular Baptist)가 그들의 신앙고백서에서 취하였다(p. 574).

4. Belgic Confession (Art. 1), in *Reformed Confessions of the Sixteenth and*

여기서 가장 중요한 점은 번연이 하나님의 위엄Majesty에 대한 시각을 성경으로부터 직접 얻었다는 것이다. 그는 성경의 저자이신 하나님을 기뻐했다. 번연은 그 기쁨을 히브리서 1:2-3, 이사야 40:15, 예레미야 23:24, 잠언 15:3을 두고 다음과 같이 선포하였다.

세상의 창조자이시며, 그의 말씀의 능력으로 만물을 운행하시는 참되고 살아계신 하나님, 인간이 이해할 수 없는 하나님의 위엄과 비교하자면 열방은 양동이에서 떨어지는 물방울보다 작고 … 저울 위의 미세한 먼지보다 가볍습니다. 하늘과 땅을 충만케 하시는 하나님께서는 사람의 자손들과 어디든 함께하십니다. 그리고 사람의 악과 선의 모든 길을 주시하십니다.[5]

이토록 영광스런 하나님을 향한 인간의 올바른 반응은 구약과 신약에서 반복적으로 명령하고 있는 것처럼 그분을 두

Seventeenth Centuries in English Translation, vol. 2, 1552-1566, ed. James T. Dennison Jr. (Grand Rapids: Reformation Heritage Books, 2010), 425.

5. John Bunyan, *A Treatise of the Fear of God* (London: N. Ponder, 1679), 1-2; *Works*, 1:437-38을 보라.

려워하는 것이다(전 12:13; 벧전 1:17; 계 14:7을 참고).[6] 하나님을 두려워함이 주는 은혜는 우리의 마음에 "하나님의 자비와 심판에 대한 경외심"을 갖게 하며, "하늘의 왕께 경배"드리는 태도를 취하게 한다.[7] 그리브즈는 번연에게 있어서 "하나님의 신성이란 거룩"이며, 이러한 인식이 "사람에게 하나님을 두려워하는 마음을 심어주는 데 큰 역할을 한다."라고 말했다.[8]

당시 번연과 같이 하나님을 향한 두려움에 대하여 강조하는 설교자들과 작가들이 적지 않았다.[9] 그 덕분에 번연은 『경건』*The Practice of Piety*의 저자인 루이스 베일리Lewis Bayly(1575-1631)를 통하여 하나님에 대한 두려움에 대해서 어렵지 않게 배울 수 있었다. 베일리의 책은 번연의 첫 번째 부인이 결혼할 때 지참한 두 권의 경건 서적 중 하나였는데, 번연이 하나님에 대한 교리를 형성하는 데 큰 역할을 하였을 것이

---

6. Bunyan, *A Treatise of the Fear of God*, 1; *Works*, 1:437을 보라.

7. Bunyan, *A Treatise of the Fear of God*, 90; *Works*, 1:458을 보라.

8. Richard L. Greaves, *John Bunyan*, Courtenay Studies in Reformation Theology 2 (Grand Rapids: Eerdmans, 1969), 29-30.

9. Geoffrey F. Nuttall, review of *The Miscellaneous Works of John Bunyan, Volume IX, A Treatise of the Fear of God; The Greatness of the Soul; A Holy Life*, ed. Richard L. Greaves, *Religious Studies* 18, no. 4 (December 1982): 550.

다.[10] 베일리는 하나님을 아는 지식을 실제적으로 "사용"하거나 삶에 적용할 때 특별히 경외, 두려움, 숭배를 강조하였다. 하나님께서는 말씀으로 스스로를 계시하시는데,

> 하나님의 단순명료하심Simpleness과 무한하심Infiniteness을 바라는 우리가 더욱 하나님의 위엄을 경외하는 마음을 지니기 위해서는, 측량할 수 없으시며 불변하시고 영원하신 하나님을 사랑하고, 하나님의 헤아리심과 하나님의 지식으로부터 나오는 지혜를 구하며, 그분의 복된 뜻과 기쁨에 순종하고, 하나님과 하나님의 사랑하심, 자비로우심, 선하심, 인내하심을 사랑하며, 그의 거룩하심을 경외하고, 축복하시는 하나님을 찬양하며, 우리 삶과 존재와 우리가 가진 모든 선한 것의 유일한 근원 되시는 하나님께 우리의 모든 삶을 맡겨야 합니다.[11]

하나님께서는 그분을 아는 지식을 우리에게 허락하셨는

---

10. Richard L. Greaves, *introduction to The Miscellaneous Works of John Bunyan*, vol. 2, *The Doctrine of the Law and Grace Unfolded and I Will Pray with the Spirit*, ed. Richard L. Greaves (Oxford: Oxford University Press, 1976), xvii-xviii.

11. Lewis Bayly, *The Practice of Pietie* (London: Robert Allot, 1633),45; Lewis Bayly의 『경건』(*The Practice of Piety*) (1842; repr., Morgan, PA: Soli Deo Gloria, 1994), 24을 보라.

데, "기도와 묵상을 통하여 하나님의 신성한 위엄을 올바르게 가질 수 있게 하셨다." 베일리는 우리가 하나님이 누구신 줄 안다면 "참 하나님 외에 다른 우상을 만들지 않을 것"이며, "불경과 위선으로 가득한 채" 그저 종교적 활동에 참여하지는 않을 것이라 말했다. 대신에 "두려움과 경외로 하나님께 예배드리고 섬기게 된다. 하나님을 알기 때문에 하나님을 두려워하게 되는 것이다."[12]

마찬가지로, 마틴 루터의 갈라디아서 주석은 번연이 영적으로 몸부림치고 있을 때 큰 유익을 주었다. "우리는 오직 하나님만을 신뢰하고, 오직 하나님께만 영광 돌려 드려야 합니다. 왜냐하면 오직 하나님만이 우리가 사랑하고 두려워하며, 홀로 높임 받기 합당하신 분이기 때문입니다."[13] 제네바의 종교개혁자 존 칼빈(1509-1564)은 "경건"Piety 혹은 "독실"Goodness을 다음과 같이 설명하였다. 경건은 "하나님을 경외함이 하나님에 대한 사랑과 결부되어 나오는 유익을 아는 지식으로부터 비롯되었다." 하나님을 아는 지식이 우리에게

---

12. Bayly, *The Practice of Pietie* (1633), 46–47; *The Practice of Piety* (1994), 25을 보라.

13. Luther, *Galatians*, fol. 50v.

가르치는 첫 번째는 "두려움과 경외"이다.[14] 번연은 종교개혁자들과 청교도들처럼 두려움을 진정한 경건의 본질적인 요소라고 생각했다. "경건함과 두려움" 없이는 "하나님을 기쁘시게" 하지 못한다(히 12:28).[15]

두려움은 하나님을 아는 지식과 밀접하게 연결되어있다. 하나님께서는 "이삭이 경외하는 이"(창 31:42, 53)이신 것과 같이 번연은 하나님을 나타내는 칭호 중 하나로 백성들에게 "두려움"이라고 말했다. 하나님께는 두렵고 무시무시한 위엄이 있기 때문이다(신 7:21; 10:17; 느 1:5; 4:4; 9:32; 욥 37:22 참고).[16] 번연은 "무시무시한"이라는 단어를 혐오스럽거나 끔찍한 악에 쓰이는 부정적인 의미로 사용하지 않고, 두려움과 경외를 불러일으키는 의미로 사용하였다. 하나님께서는 피할 수 없는 경외심을 불러일으키시는 분이시다.

여기서 우리는 이토록 하나님에 대한 두려움을 강조하는 번연의 시각에 의문을 가질 수 있다. 번연은 율법주의자인가? 하나님에 대한 이러한 시각으로 인해 다른 사람들이 복

---

14. John Calvin, *Institutes of the Christian Religion*, ed. John T. McNeill, trans. Ford Lewis Battles, The Library of Christian Classics 20, 21 (Philadelphia: Westminster Press, 1960), 1.2.1-2.

15. Bunyan, *A Treatise of the Fear of God*, 2; *Works*, 1:438을 보라.

16. Bunyan, *A Treatise of the Fear of God*, 4; *Works*, 1:438을 보라.

음의 자유에 이르게 하는 것이 아니라 오히려 복음의 속박에 가두는 것이 아닌가? 우리는 이 책의 다음 챕터에서 번연이 하나님을 두려워하는 속박에 갇혀 살아야 한다고 믿지 않았음을 보게 될 것이다. 하지만 지금까지 번연에 대해서 살펴본 것만으로도 우리는 그가 하나님께서 두렵고 위엄 있는 분이실 뿐만 아니라 자애로운 구원자 되신다는 것을 믿고, 또 그렇게 가르쳤음을 충분히 알 수 있다. 그의 저서, 『내게로 오라』*Come, and Welcome, to Jesus Christ*의 제목에서도 이러한 번연의 믿음을 엿볼 수 있다.

어떻게 거룩하시고 의로우신 하나님께서 죄인들을 지옥의 저주와 공포로부터 자유케 하신단 말인가? 하나님께서는 그들에게 그의 공의를 완전하게 만족시키시는 하나님의 의를 허락하심으로 자유를 주셨다. 번연은 인간의 불완전한 의는 폐하시고, 그 자리를 "아들의 영광스러운 의 즉, 하나님의 의로우심과 거룩하심에 합당한 의"로 대신하신 하나님을 가르쳤다. 예수 그리스도는 어떤 죄도 범하지 않으시고, 또 그렇기 때문에 죄책으로부터 자유하시며, 하나님과 동등하시다(빌 2:6; 히 7:26; 벧전 2:22 참고).[17] 그리스도의 순종의 의에는 두 가지

---

17. John Bunyan, *A Discourse upon the Pharisee and the Publicane* (London: Joh. Harris, 1685), 41; *Works*, 2:229을 보라.

측면이 있다. 첫째는 "율법이 우리에게 명하는 것을 행한다는 것"이고 둘째는 "인간의 범죄에 대한 대가를 지불하시는 것"이다. 율법은 인간에게 공의를 요구한다. 그리고 요구에 따라 공의를 이룬다면, 그 결과는 저주를 받아 사망에 이르게 된다.[18] 여기서 번연은 그리스도의 능동적 순종과 수동적 순종을 신학적으로 구분하였다. 그리스도께서는 능동적으로 그의 백성들을 위하여 친히 율법의 교훈을 지키셨고, 동시에 수동적으로 그의 백성들을 위하여 율법의 형벌을 당하셨다.

하나님께서는 믿음으로 그리스도의 공로를 죄인들에게 허락하신다. "주권적인 은혜로 말미암아," 하나님께서는 그리스도의 완전한 의를 "율법의 저주로부터 의롭다함을 얻기 위하여 죄인들에게 [하나님의 은혜 안에서] 믿게 하신다(고전 1:30; 고후 5:21 참고)."[19] 믿음은 하나님의 칭의의 도구이지 그리스도인의 의 자체가 아니다. 그렇기 때문에 번연은 그리스도인들은 "칭의의 공로적 원인과 칭의의 도구적 원인"을 주의하여 구분해야 한다고 말했다. 그리스도께서 홀로 순종하심으로 하나님의 의로우심을 만족시키는 의롭다하심을 신자들

---

18. Bunyan, *A Discourse upon the Pharisee and the Publicane*, 99; *Works*, 2:247을 보라.

19. Bunyan, *A Discourse upon the Pharisee and the Publicane*, 42; *Works*, 2:229을 보라.

이 받을 수 있도록 "행하시고 당하신 것은 칭의의 공로적 원인이다"(롬 5:9-10 참고). 우리의 믿음이 하나님의 축복을 받을 자격을 얻게 하지 못한다. 다만 "하나님께서 구원하신 이들에게 축복을 주셔서 그들이 그리스도를 받아들이며, 마침내 그리스도의 의로 말미암아 구원을 얻게 된다."[20]

번연이 사용한 단어인 "원인"causes은 아리스토텔레스의 철학에서 유래된 논리 형태에 뿌리를 두고 있다. 뿐만 아니라 이 시대 신학적 논쟁에도 널리 사용되고 있다.[21] 많은 종교개혁자들의 기록은 용어 사용에서 번연과 맥락을 같이 한다. 칼빈은 그리스도와 그의 순종을 질료적 원인이라, 그의 믿음을 칭의와 구원의 수단적 원인이라 명명하였다. 그래서 그는 믿음을 죄인들이 그리스도의 은혜를 담는 "빈 그릇" 내지는 은혜를 받는 "열린 입"이라고 표현한다.[22] 존 오웬은 대부분의 개신교 신학자들이 "믿음을 칭의의 도구적 원인으로 여긴다."라고 기록하였다. 또한 "오직 그리스도만이" 칭의의 "공

---

20. John Bunyan, *Saved by Grace: Or, A Discourse of the Grace of God*, in *Works* (1692), 556; *Works*, 1:339을 보라.

21. Richard A. Muller, *Dictionary of Latin and Greek Theological Terms: Drawn Principally from Protestant Scholastic Theology* (Grand Rapids: Baker, 1985), 61을 보라.

22. Calvin, *Institutes*, 3.11.7; 3.14.17, 21.

로적 원인"이시다라고 말했다.[23] 번연과 여러 종교개혁자들의 주장이 의미하는 바는 믿음 그 자체로는 하나님으로부터 아무것도 얻지 못한다는 것이다. 다만 그리스도께서 완성하신 은혜의 선물을 믿음으로 받을 뿐이다.

번연은 스스로 종교개혁 교회들의 가르침에 따른 교리인 오직 믿음으로 말미암는 칭의 논쟁의 중심으로 들어갔다. 그는 영국 국교회 교인은 아니었지만, 39개 신앙 조항(1563)에서 말하는 다음 조항을 주저 없이 "기독교의 핵심 진리" 중 하나라고 주장하였다. "우리가 하나님 앞에서 의롭다고 인정을 받는 것은, 오직 우리 주님이요 구원자이신 예수 그리스도의 공로에 의지한 신앙으로 인한 것이지, 우리의 업적과 가치에 의한 것이 아니다. 그러므로 우리가 오직 신앙으로 의롭다고 인정받는다는 것은 이에 관한 말씀에서 표현되듯이 가장 건전한 교리의 하나이다."[24] 반면에 번연의 이러한 입장은 영국 성공회에 속한 광교파Latitudinarians의 주장에 반하는 것이

---

23. John Owen, *The Doctrine of Justification by Faith*, in, *The Works of John Owen*, ed. William H. Goold (1850-1853; repr., Edinburgh, UK: Banner of Truth, 1965), 5:108, 284.

24. John Bunyan, *A Defence of the Doctrine of Justification, By Faith in Jesus Christ Shewing, True Gospel-Holiness Flows from Thence* (London: Francis Smith, 1673), 113; *Works*, 2:332을 보라. Dennison, *Reformed Confessions*, 2:758에 있는 the Thirty-Nine Articles (art. 11)을 보라.

었다. 그들은 죄인들이 하나님께 순종하기로 진실하게 결단했기 때문에 하나님께서 그들을 의롭다고 칭하여주셨다고 가르쳤고, 의를 인간의 육신과 감정을 통제하여 하나님의 율법을 지키고자 하는 이성의 법이라고 정의하였다. 이러한 교리를 따르면, 그리스도는 단순히 도덕적 모범이 된다.[25]

번연은 참 그리스도인들은 선한 행실을 한다고 가르쳤지만, 그 행실들이 하나님 앞에서는 칭의나 의에 관해선 어떠한 자리도 차지할 수 없다고 강조하였다. 그리고 이어서 다음과 같이 말했다. "하나님 앞에서 믿음으로 말미암아 의롭다함을 얻는 데 착한 행실이 필요하지 않습니다. 이 일에 관하여는 오직 그리스도께서 성육신하셔서 인성에 의해 행하신 것들 외에는 다른 어떠한 착한 행실도 알지 못합니다."[26] 이어서 번연은 루터의 갈라디아서 주석의 내용을 그대로 반영했다. "그러므로 가장 위대한 지식은, 그리스도인들의 가장 위대한 지혜는 … 행위에 대해 무지하다는 것입니다. … 그들의 양심

---

25. Isabel Rivers, "Grace, Holiness, and the Pursuit of Happiness: Bunyan and Restoration Latitudinarianism," in *John Bunyan: Conventicle and Parnassus; Tercentenary Essays*, ed. N. H. Keeble (Oxford: Clarendon Press, 1988), 57-59.

26. John Bunyan, introduction to *A Holy Life, The Beauty of Christianity* (London: by B. W. for Benj. Alsop, 1684), sig. A 3r; *Works*, 2:507을 보라.

이 하나님의 심판을 두고 괴로워할 때 특히 더 그렇습니다."27

자신의 선행에 대해 부인하는 것은 쉽지 않다. 번연은 선행에 대해 부인하는 것은 자신 안에 있는 교만을 철저하게 무너뜨리는 것이기 때문이라고 말했다. 그러나 인간은 십자가 앞에 엎드려 교만을 무너뜨리고, 자신의 선행에 대해 부인해야만 한다. "한 사람은 다른 사람의 의를 위하여 자신의 의를 무너뜨리는 고통을 감수해야 한다."28

오직 그리스도 안에서의 믿음을 이해하기란 어렵게만 느껴지고, 칭의 교리도 심오하기 그지없지만, 복음이 말하는 근본적인 메시지는 단순하고 분명하다. 번연은 『천로역정』 2부에서 그가 이해하고 있는 복음의 단순성을 보여주었다. 『천로역정』 2부는 크리스천의 아내인 크리스티나와 그의 가족이 그를 따라 천성으로 가는 이야기이다. 이때, "신중"Prudence은 크리스티나의 자녀들에게 그들이 믿음을 어떻게 이해하고 있는지 질문을 던진다. 우리는 "신중"의 질문과 자녀들의 대답을 복음에 대한 간단한 교리문답 형식으로 다음과 같이 재구성할 수 있다.

---

27. Luther, "The Argument," in *Galatians*, fol. 6r.

28. John Bunyan, *The Heavenly Foot-man: Or, A Description of the Man that Gets to Heaven* (London: Charles Doe, 1698), 30; *Works*, 3:386을 보라.

Q. 누가 당신들을 만들었는지 말해줄 수 있나요?
A. 성부 하나님, 성자 하나님, 성령 하나님이요.

Q. 그럼 인간이란 어떤 존재인가요?
A. 하나님께서 만드신 이성적인 피조물입니다.

Q. 구원받았다는 무엇을 전제하고 있나요?
A. 그 사람이 전에는 죄로 인해 구속되었고, 비참한 상태로 있었다는 것이에요.

Q. 누가 당신들을 구원하시는지 말해줄 수 있나요?
A. 성부 하나님, 성자 하나님, 성령 하나님이요.

Q. 그렇다면 누군가가 삼위일체 하나님께로부터 구원받았다는 것은 무엇을 말하고 있나요?
A. 그의 죄가 참으로 악하고 폭군과 같이 강력해서 그 누구도 손아귀에서 끄집어낼 수 없지만, 하나님께서는 그렇게 하신다는 것이에요. 그리고 하나님은 선하시고 그를 무척이나 사랑하셔서 정말이지 그를 이러한 비참한 상태로부터 구원해주신다는 거지요.

Q. 하지만 성부 하나님께서 당신들을 어떻게 구원해 주시지요?
A. 그분의 은혜로 구원해주십니다.

Q. 그러면 성자 하나님께서는 당신들을 어떻게 구해주시나요?
A. 그분의 의와 죽음과 피와 생명으로요.

Q. 그렇다면 성령 하나님께서는 당신들을 어떻게 구해주시지요?
A. 그분의 조명하심, 그분의 혁신, 그분의 보호로요.

Q. 비참한 인간을 구원해 주심으로 하나님께서 이루고자 하신 것은 무엇일까요?
A. 그분의 이름과 그분의 은혜, 그리고 그분의 의로우심을 영화롭게 하는 것입니다. 또한 그분이 만드신 피조물들이 영원한 행복을 누리는 것이에요.

Q. 반드시 구원받는 이들은 누구지요?
A. 그분의 구원을 받아들이는 이들이요.[29]

---

29. John Bunyan, 『천로역정』, *From This World to That Which Is to Come: The Second Part* (London: Nathaniel Ponder, 1684), 76-78을 보라. 그리고 *Works*, 3:199을 보라.

번연의 가르침에 대한 우리의 탐험을 이어나가기 전에 여기서 잠시 멈춰서 스스로에게 각자가 질문을 하나 던지길 바란다. 과연 우리는 하나님을 아는가? 모두의 마음속에는 하나님에 대한 생각과 이미지가 있다. 그러나 안타깝게도 많은 경우 왜곡되어있다. 어떤 사람은 하나님을 모든 사람을 무조건적으로 용납하시고, 우리의 죄를 눈감아주시는 할아버지라 여긴다. 다른 어떤 사람은 우리가 무언가 잘못하기를 기다렸다가 잡아드릴 기회를 엿보는 사악한 경찰관이라 여기기도 한다. 하지만 실제로 성경의 하나님은 번연이 우리에게 상기시켜주었듯이, 두렵도록 크신 위엄과 놀라운 은혜의 하나님이시다.

당신은 하나님을 인격적으로 아는가? 다시 말해서, 당신의 유일한 의가 되시는 예수 그리스도를 믿어 마음에 모시며 살아가고 있는가? 만약 그렇다면, 하나님께서는 당신에게 하나님을 향한 사랑과 두려움을 동시에 심으셨다. 그리고 하나님께서는 더 이상 머나먼 곳에 계신 초월적 존재가 아니다. 당신은 살아계신 하나님의 임재 가운데 살아가고 있다.

그분의 영광스러운 임재 안에서

하나님의 임재 가운데 있는 사람들은 거룩한 두려움으로 나아간다. 하나님께서 위로하시고 기쁨을 주는 자비와 구원의 소식으로 임하실 때도 마찬가지다. 이것을 설명하기 위해 번연은 독자들에게 하늘과 땅을 잇는 야곱의 사닥다리를 상기시켰다. 하나님께서 야곱에게 말씀하실 때 노여워하시지 않았다. 오히려 "가장 다정하고 은혜로운 방식으로 그에게 몇 가지 귀한 약속을 주셨다. 그때 야곱의 반응은 어떠했나? "여호와께서 과연 여기 계시거늘 내가 알지 못하였도다 이에 두려워하여 이르되 두렵도다 이 곳이여 이것은 다름 아닌 하나님의 집이요 이는 하늘의 문이로다 하고"(창 28:16-17). 번연은 이 구절을 토대로 "천국의 환상을 통하여 모든 은혜가 야곱에게 직접 내려왔지만, 하나님의 위엄에 대한 두려움을 멈출 수는 없었다."라고 기록했다.[30] 인간에게 은혜의 메시지를 전하기 위해 천사가 내려왔을 때도 두려움에 떨 수밖에 없다면, 하나님께서 그러셨을 때는 오죽하겠는가? 번연은 "하나님께서 스스로 인간에게 구원의 옷으로 계시하셨음에도, 하나님

---

30. Bunyan, *A Treatise of the Fear of God*, 5; *Works*, 1:438을 보라.

의 임재 앞에서 인간은 먼지와 같은 존재일 수밖에 없다."라고 외쳤다.[31]

은혜와 두려움의 결합이 현대의 그리스도인들에게는 생소한 것일지도 모른다. 그들은 하나님에 대한 두려움을 징계의 관점으로만 생각하기 때문이다. 청교도 신학은 일반적으로 두려움을 하나님의 징계뿐만 아니라 하나님의 영광과도 연결한다. 윌리엄 에임스(1576-1633)는 "우리를 위험으로 몰아넣는 악이 아니라 더할 나위 없는 하나님의 완전하심으로 인하여 하나님의 위엄과 권능을 두려워하는 것"이기 때문에 이러한 하나님에 대한 두려움은 칭찬받기에 합당하다고 말했다.[32] 이와 같은 주장을 뒷받침하기 위해서 에임스는 야곱의 사닥다리와 "이삭의 두려움"에 관한 본문(창 28:17; 31:42, 53)을 인용하였다. 에임스가 인용한 이 두 구절을 번연도 같은 목적으로 자주 사용하였다. 이 밖에도 에임스의 저서 중 양심에 관하여 쓴 것은 비국교도인들 사이에서 유명했는데, 리처드 백스터(1615-1691)는 목사에게 추천하는 10대 도서 목록에 포

---

31. Bunyan, *A Treatise of the Fear of God*, 6; *Works*, 1:439을 보라.
32. William Ames, *Conscience with the Power and Cases Thereof*, 3.3, in *The Workes of the Reverend and Faithfull Minister of Christ William Ames* (London: John Rothwell, 1643), 51 [매겨진 페이지가 일정하지 않음].

함시켰다.[33]

왜 그토록 하나님의 임재를 두려워하는가? 번연은 세 가지 이유를 제시했다. 첫째는 하나님께서 그의 "위대하심과 위엄"을 계시하시기 때문이다. 인간의 이해력으로는 그의 위대하심을 알 수가 없고, 인간의 인내력으로는 그의 위엄을 도저히 견딜 수 없다. 그리스도께서 사도요한에게 나타나셨을 때, 요한은 "그의 발 앞에 엎드려져 죽은 자" 같이 되었다(계 1:17).[34] 심지어 하나님께서 "지식에 넘치는 그리스도의 사랑"을 알게 하실 때도 하나님의 영광의 "너비와 길이와 높이와 깊이"가 무한함을 깨닫게 하신다(엡 3:18-19). 결론적으로, 번연은 그리스도 안에서 하나님을 아는 지식은 "우리의 영혼에 위대하신 하나님에 대한 거룩한 두려움과 경외"를 낳는다고 말했다. 요한계시록 15:4을 인용하면서 다음과 같이 말했다. "위대함은 반드시 두려움을 낳고 동시에 경외심을 낳습니다. 하나님보다 더 위대한 존재가 있습니까? 그 무엇도 하나님과 같은 두려움의 대상이 될 수는 없습니다!"[35]

---

33. Richard Baxter, *A Christian Directory* (1864; repr., Morgan, PA: Soli Deo Gloria, 1996), 732.

34. Bunyan, *A Treatise of the Fear of God*, 7; *Works*, 1:439을 보라.

35. John Bunyan, *The Saints Knowledge of Christ's Love, Or, The Unsearchable Riches of Christ, in Works* (1692), 412; *Works*, 2:13을 보라.

하나님을 아는 것은 하나님을 두려워하는 것이다. 하나님의 이름은 그 자체에서 경외심을 불러일으키는데, 하나님의 본성이 이름에서 계시되고 있기 때문이다. 하나님의 이름은 "영화롭고 두려운 이름"(신 28:58)이고, 하나님께서는 "거룩하고 지존"하시다(시 111:9). 의로운 소원과 기도는 일심으로 "주의 이름을 경외"하게 하며(시 86:11), 하나님께서는 위대하신 왕이기 때문에 모든 나라가 여호와의 이름을 두려워하도록 계획하셨다(시 102:15; 말 1:6, 11, 14 참고). 또한 하나님께서는 사람이 그를 경외할 때 기뻐하신다. 그리고 하나님께서는 기쁨을 드러내시는데, 그리스도께서 세상을 심판하러 오실 때, 하나님의 이름을 경외하는 이들에게 상을 주신다(계 11:18 참고).[36]

둘째로, 우리가 하나님의 영광을 볼 때, 우리는 진정으로 우리가 누구인지 보기 때문에 하나님의 임재가 두려운 것이다. 다니엘의 고백처럼 하나님의 영광의 임재 앞에서 우리의 아름다움은 변하여 "썩은 듯하게" 될 것이다(단 10:8). 우리의 최고의 작품조차도 "더러운 천 쪼가리"에 불과하며, 우리의 "촛불"의 영광도 "눈부신 태양의 밝은 빛" 앞에서는 무의미하다. "화로다 나여 망하게 되었도다 나는 입술이 부정한 사

---

36. Bunyan, *A Treatise of the Fear of God*, 12-14; *Works*, 1:440을 보라.

람이요 나는 입술이 부정한 백성 중에 거주하면서 만군의 여호와이신 왕을 뵈었음이로다"(사 6:5). 하나님의 거룩하심을 마주하고 외쳤던 이사야의 절규이다. 그가 본 것은 "구원자에 대한 환상"이었음에도 불구하고 하나님과 자신 사이의 거대한 차이, 특히 자신 안에 있는 죄악 된 본성이 존재하고 있음을 강하게 느끼게 되었다.[37]

하나님의 영광을 마주할 때 자신의 참모습을 알게 된다는 번연의 가르침은 『기독교 강요』 첫 부분에서 말하는 칼빈의 것과 닮았는데, 이는 종교개혁자들의 가르침이 청교도들을 통하여 번연에게까지 전달되었던 것이다. 칼빈은 우리 인간은 하나님에 대한 참된 생각을 시작하기 전까지 자신을 믿고, 스스로가 옳다고 생각하며 살아간다고 말했다. 사람이 하늘의 태양을 바라볼 때 밝음에 압도당하듯이, 하나님의 온전한 의와, 지혜, 권능에 대한 지식은 우리의 할 말을 잃게 한다. 동시에 하나님의 빛 가운데에 거하게 되면, 우리는 우리의 사악함, 어리석음, 연약함을 볼 수 있다.[38] 칼빈은 다음과 같이 기록하고 있다. "그러므로 성경이 일반적으로 나타내는 두려움과 기묘함은 하나님의 임재를 느낄 때마다 성도들로 비탄에

---

37. Bunyan, *A Treatise of the Fear of God*, 8-9; *Works*, 1:439을 보라.
38. Calvin, *Institutes*, 1.1.2.

빠지게도 하고, 그것을 극복하게도 한다."[39]

인간에게서 나타나는 겸손한 두려움이라는 반응은 단순히 하나님에 대한 지식적인 관념에 의한 것이 아니라 하나님의 영광에 대한 영적 체험이 있을 때만 가질 수 있다. 번연은 그의 영적 체험을 표현하기 위해 육체적 감각의 언어를 사용하였다. 그의 저서 『드리기 합당한 제물』*The Acceptable Sacrifice*에서 회개한 사람의 "영혼은 모든 감각"이 살아있고, 활동적이지만, 그렇지 않은 사람의 "영혼은 죽어있고, 무감각하다."라고 말했다.[40] 그는 자신의 본성이 가지고 있는 사악함을 "보고," 하나님께서 죄에 대하여 얼마나 미워하시는지를 마음속에서 "느끼며," 자신의 부패함에 대해서 "듣는다." 그리고 자신의 죄에서 나는 불쾌한 악취를 "맡으며," 악한 정욕의 쓴맛을 "맛본다."[41] 자신의 타락에 대한 영적 감각은 하나님의 영광에 대한 영적 감각에서 비롯된다. 이어서 번연은 다음과 같이 말했다. "인간은 하나님께서 자신이 범하는 죄를 경멸하신다는 것을 깨닫기 전까지는 자신의 죄악 된 본성에 대해서

---

39. Calvin, *Institutes*, 1.1.3.

40. John Bunyan, *The Acceptable Sacrifice: Or the Excellency of a Broken Heart* (London: George Larkin, 1689), 50; *Works* 1:696을 보라.

41. Bunyan, *The Acceptable Sacrifice*, 50-59; *Works* 1:696-97을 보라.

부끄러워할 수 없습니다. 다시 말해서 진정으로 자신이 누구인지를 알고, 자신의 존재성에 대해서 한탄하는 것은 하나님의 눈을 통하지 않고서는 불가능하단 뜻입니다. 하나님을 바라볼 때 사람의 마음도 깨어집니다."[42] "하나님의 존귀하심에 영안이 조금이라도 열리면 마음이 깨어집니다."[43] 이 영안은 하나님을 사랑하고 악을 미워하는 마음에 동반하는 영적 감각이지 사악한 자들이나 저주받은 자들에게는 주어지지 않는다.[44] 신자는 하나님을 사랑하기에 자신의 죄를 깊이 비통해하고, 하나님의 임재 안에서 겸손해진다.

하나님의 아름다우심을 보는 "영안"spiritual sight은 사랑과 두려움을 동시에 가져다준다. 『거룩한 삶, 기독교의 아름다움』에서 번연은 다음과 같이 설명했다. 구원에 대한 믿음은 "하나님의 존재와 위대함에 대한 이해와 그렇기 때문에 경외할 수밖에 없음을 포괄합니다." 뿐만 아니라 "성삼위 하나님의 본성에서 나타나는 인자하심과 복으로 충만하심 역시도 포함합니다." 그러므로 믿음은 인간을 이생에서 거룩하신 하나님과의 교제를 갈망하게 하며, 다시 오실 하나님을 기뻐한

---

42. Bunyan, *The Acceptable Sacrifice*, 62; *Works* 1:697을 보라.
43. Bunyan, *The Acceptable Sacrifice*, 65; *Works* 1:698을 보라.
44. Bunyan, *The Acceptable Sacrifice*, 66; *Works* 1:698을 보라.

다.⁴⁵ 맨소울Mansoul 도시에서 임마누엘 왕자에게 자비를 구하기 위해 "각성 씨"Mr. Desires-awake를 보낸 적이 있었는데, 사자가 돌아와 말하기를 "나를 보내어 뵙게 한 아름다움과 영광의 왕자님께서는 그를 만나는 자마다 그분을 사랑하며, 두렵게 하는 분이셨습니다."⁴⁶

많은 청교도는 영적 체험을 설명할 때 감각에 관련된 단어를 사용한다. 조나단 에드워즈(1703-1758)는 하나님의 거룩하심의 "최상의 아름다움을 느끼는 마음의 감각"에 대한 교리로 그 깊이를 발전시켰다.⁴⁷ 에드워즈는 이어서 "하나님의 거룩한 아름다움을 깨닫게 되면," 자신이 지은 죄로 인해 신자들이 스스로를 "가증스러운 존재"로 여기는 "복음적 비하"에 이르게 하며, "하나님께 기꺼이 복종하고, 자유와 기쁨으

---

45. Bunyan, *A Holy Life*, 41; *Works*, 2:519을 보라.

46. John Bunyan, *The Holy War, Made by Shaddai upon Diabolus … Or, the Losing and Taking Again of the Town of Mansoul* (London: Nat. Ponder, 1696), 130; *Works*, 3:299을 보라. 원본에는 누구든지에 해당하는 단어가 "whoever" 대신에 "whoso"로 되어있다.

47. Jonathan Edwards, *Religious Affections*, in *The Works of Jonathan Edwards*, vol. 2, *Religious Affections*, ed. John E. Smith (New Haven, CT: Yale University Press, 1959), 272. 청교도들이 사용한 영적 감각과 관련된 언어에 대해서는 Brad Walton, *Jonathan Edwards*, Religious Affections *and the Puritan Analysis of True Piety, Spiritual Sensation and Heart Religion*, Studies in American Religion 74 (Lewiston, NY:Edwin Mellen Press, 2002), 197-206을 보라.

로 하나님의 발 앞에 스스로 엎드리게 된다."라고 말했다.[48] 에드워즈가 소장하고 있던 책의 목록을 살펴보면 번연의 『드리기 합당한 제물』에 대해서 잘 알고 있었고, 관심을 가지고 있었음을 알 수 있다.[49] 그렇다고 번연이 에드워즈에게 직접적으로 영향을 주었다고 말할 수는 없다. 오히려 번연과 에드워즈 모두 종교개혁자들과 청교도의 영향을 받았다고 말하는 것이 더 정확할 것이다. 우리는 여기서 번연이 개혁주의 정통의 줄기에 적어도 일부분은 속해 있음을 다시 한 번 확인할 수 있다.

세 번째로, 하나님의 임재가 두려운 이유는 하나님께서는 그의 선하심을 계시하기 때문이다. 현대 사고방식으로는 모순되는 것처럼 보일지도 모른다. 왜냐하면 일반적으로 하나님의 선하심과 사랑이 우리가 하나님을 대하는 태도를 결정한다고 여기기 때문이다. 번연이 살던 당시 "가볍고"light "허황된"frothy 그리스도인이라 불리는 부류의 사람들이 있었다. 그들은 세상의 어떠한 왕보다 비교할 수 없을 만큼 위대하신 하나님의 임재 가운데 살고 있다고 여기기보다 하나님을 임

---

48. Edwards, *Religious Affections*, in *The Works of Jonathan Edwards*, 2:312.
49. Jonathan Edwards, "Catalogue' of Reading," in *The Works of Jonathan Edwards*, vol. 26, *Catalogues of Books*, ed. Peter J. Thuesen (New Haven, CT: Yale University Press, 2008), 128.

재와 하나님의 은혜를 마치 "연극에서 광대"처럼 "익살스러운 행동"을 하도록 조정하는 것으로 여기며 행동하였다.[50] 반면에 번연은 영의 마음가짐과 육의 마음가짐이 얼마나 다른지를 보여주었다. 그는 호세야 3:5을 인용하며 회개하는 하나님의 백성이 "여호와를 경외하므로 하나님께서는 그의 선하심"으로 그들에게 나아갈 것을 약속하셨다고 말했다. 또한 이어서 "위대하심과 더불어 하나님의 선하심은 택한 자들에게 하나님의 위엄을 경외하는 마음을 갖게 한다."라고 설명했다.[51] 성경은 두려움을 갖게 하시는 하나님을 증거 한다. 보호하시는 하나님의 주권적 권능은 우리로 두려움을 갖게 하며(렘 5:22 참고), 하나님의 용서하심과 선하심은 두려워 떨게 한다(렘 33:8-9 참고). 도대체 은혜가 왜 두려움을 불러일으키는가? 번연은 하나님께서 용서와 사랑으로 세상에 내려오셨지만, 동시에 "그분의 모습 그대로 나타내셔야 하므로" 하나님께서는 "위엄의 광선"을 구원 사역에 비추신다고 말했다. 구원은 하나님의 두려움의 영광을 가리지 않는다. 이전보다 훨씬 더 장엄하게 드러낸다.[52]

---

50. Bunyan, *A Treatise of the Fear of God*, 11; *Works*, 1:440을 보라.
51. Bunyan, *A Treatise of the Fear of God*, 10; *Works*, 1:439을 보라.
52. Bunyan, *A Treatise of the Fear of God*, 10-11; *Works*, 1:439-40을 보라.

죄인들을 구원하시는 무한한 영광의 하나님의 은혜는 참으로 놀랍다. 번연은 다음과 같이 외쳤다. "위대하신 하나님께서는 선하신 하나님이심에 틀림없습니다. 선하신 하나님께서는 가치가 없고, 자격도 없으며, 끊임없이 하나님의 영광의 눈으로 보시기에 화나게 하는 일을 저지르려고 하는 인간을 구원하시는 하나님이시니 말입니다. 이 사실은 우리를 두려움에 떨게 합니다."[53]

어떤 이들은 번연의 외침에 "하나님께서 우리의 죄를 사하여주심을 기뻐해야 하지 않겠습니까?"라며 반대할 것이다. 그런 사람들에게 번연은 성경으로 대답한다. "떨며 즐거워할지어다"(시 2:11). 이처럼 구원으로 인한 "견고하며 경건한 기쁨"은 눈에서 흐르는 눈물과 같이 죄를 적신다. 하나님께서 오셔서 죄인들의 죄를 용서하여주실 때 베풀어주시는 은혜는 "죄책을 제거하여 주기도 하지만 우리 안의 추잡한 오물에 대한 민감성 또한 증가시킨다. 그리하여 그 추잡한 죄인들을 기쁘게 하시며, 동시에 두려움에 떨게도 만드신다."[54] 번연은 에스겔 16:63을 인용했다. 죄인들은 하나님께서 그들의 행한 일을 용서하심을 기억하고 부끄러워하기 때문에, 하나

---

53. Bunyan, *The Saints Knowledge*, in *Works* (1692), 412; *Works*, 2:14을 보라.
54. Bunyan, *A Treatise of the Fear of God*, 12; *Works*, 1:440을 보라.

님과 영원한 언약을 맺은 사람들에 대한 하나님의 약속은 그 사람들은 겸손하게 하며, 침묵하게 할 것이다(60절 참고).

이와 같은 관점에서 번연은 죄가 남아있을 때까지 묻어있는 한 영혼의 죄의 "얼룩"macula과 하나님께서 죄를 용서하실 때 제거되는 "죄책"reatus이나 형벌에 대한 마음의 부담을 신학적으로 구분하였다. 이러한 구분은 중세 신학자 토마스 아퀴나스(1225-1274), 아이작 암브로즈(1604-1664)와 번연의 친구였던 존 오웬 등과 같은 개혁주의 정통 신학자의 저서에서도 발견할 수 있다.[55] 라틴어 용법에 대한 교육을 받지 않았음에도 불구하고 번연은 이와 관련된 신학적 개념을 채택하여 목회적으로 사용하였다. 하나님의 임재 안에서 느끼는 기쁨과 두려움이 올바르게 조화될 수 있도록 영혼을 인도한 것이다. 하나님께서 그리스도로 말미암아 벌을 받아 마땅한 우리

---

55. Thomas Aquinas, *Summa Theologica, Part 2* (First Part), trans. Fathers of the English Dominican Province (London: R. & T. Washbourne, 1915), Q. 85-87; Isaac Ambrose, *Looking unto Jesus* (Pittsburgh: Luke Loomis, 1823), 123; John Owen, *The Doctrine of Justification by Faith*, in *Works*, 5:199. 중세 신학자들은 비난받을 만함에 대한 죄책감(reatus culpae)과 형벌에 대한 죄책감(reatus poenae)으로 이 구분을 확장했다. 암브로즈는 이에 동의했지만, 오웬은 동의하지 않았다. Charles Hodge, *Systematic Theology* (repr., Peabody, MA: Hendrickson, 1999), 2:188-89; Herman Bavinck, *Reformed Dogmatics*, ed. John Bolt, trans. John Vriend (Grand Rapids: Baker Academic, 2006), 3:171을 보라.

를 결코 벌하지 않으시고, 죄를 용서하셨다는 사실로 신자는 기뻐할 수 있다. 그러나 여전히 하나님의 임재 안에서 겸손과 부끄러움을 가지고 살아간다. 왜냐하면 신자는 그리스도와 같이 완전한 존재가 아직 아니며, 죄로 인하여 영혼이 오물로 더럽혀져 있기 때문이다.

불완전한 우리가 하나님을 두려워하고, 죄로 인하여 여전히 부끄러움을 가지고 살아갈 수밖에 없지만, 그렇다고 하나님의 임재로 말미암는 유익이 약화되는 것은 아니다. 오히려 강화가 될 수 있는데, 만약 그렇다면 그 이유는 분명 하나님의 임재가 참으로 좋으며, 그로 인하여 우리가 겸손해지기 때문일 것이다. 신자들은 하나님의 임재를 여전히 기뻐하며 갈망한다. 번연은 이렇게 외쳤다. "내가 무슨 말을 할 수 있겠습니까? 하나님의 임재는 영혼을 새롭게 하고, 변화시키며, 단련시키시고, 성화시키시며, 명하시고, 부드럽게 하고 깨닫게 합니다. 이 모든 세상에 그와 같은 분은 없습니다."[56]

---

56. John Bunyan, *The Desire of the Righteous Granted*, in *Works* (1692), 241; *Works*, 1:756을 보라. 원본에는 "깨닫게"(enlightening) 대신에 "밝게"(lightning)로 되어있다.

경건함과 두려움으로 하나님을 기쁘시게 하는 예배

하나님을 생각하고 하나님께 말씀드릴 때마다, 당신은 "경건함과 두려움"으로 (히 12:28) 하거나, 번연이 말한 것처럼, "냉철함과 진심으로 당신의 마음에서 우러나오는 그분의 위엄을 두려워해야 한다." 이는 특히 하나님의 이름으로 설교하고, 기도하거나 맹세할 때 더욱 심각하게 여겨야 한다. 다른 사람과 하나님에 대해서 말할 때, 경솔하거나 가볍게 치부해버리는 듯 마치 하나님께서 하찮은 분이라고 여기지 않도록 말이다. 하나님께서는 여호와의 이름을 망령되게 부르지 말라고 말씀하셨다(출 20:7; 레 20:3 참고).[57]

죄인들과 율법주의자들은 일반적으로 "하나님의 위엄에 대한 민감성 없이" 기도와 예배를 드린다. 용서받지 못한 죄인들은 마치 "바싹 마른 지푸라기" 같지만, 그들은 하나님께서 소멸하는 불이시라는 것에 무지하다. 번연은 "그들이 무분별함으로 완악해졌다."라고 말했다.[58] 사람은 "하나님과 나 사이에 건널 수 없는 무한한 간극"이 존재한다는 것을 인식한

---

57. Bunyan, *A Treatise of the Fear of God*, 15; *Works*, 1:441을 보라.
58. John Bunyan, *A Discourse upon the Pharisee and the Publicane*, 174-75; *Works*, 2:269을 보라.

채 기도해야 한다. 그리고 "무소부재하신 존재께로 나아갈 때 그 간극을 기억하며 두려움에 떨 수밖에 없다."⁵⁹ 그러므로 우리는 이 무한한 간극을 잊은 채 성급하게 하나님의 임재 가운데로 들어간다거나, 하나님께 무분별하게 말씀드리는 것을 삼가야 한다. 대신에 위대한 대제사장이시며 중보자 되신 예수 그리스도께 겸손히 의지해야 한다.⁶⁰

만약 하나님의 본성과 임재가 직관적으로 두려워할 만한 것이라면, 인간은 하나님께 거룩한 경건함으로 예배를 드릴 수밖에 없다. 번연은 이 같은 관점으로 시편 5:7과 2:11을 인용하였다. "오직 나는 주의 풍성한 사랑을 힘입어 주의 집에 들어가 주를 경외함으로 성전을 향하여 예배하리이다," "여호와를 경외함으로 섬기고 떨며 즐거워할지어다."⁶¹ 그는 하나님의 사랑과 자비를 아는 것과 그리고 선하심을 기뻐하는 것은, 두려움과 떨림으로 하나님께 나아가는 것과 조화를 이룬다고 분명히 믿었다.

---

59. Bunyan, *A Discourse upon the Pharisee and the Publicane*, 177; *Works*, 2:269을 보라. 원본에 기록된 단어 "Betwixt"는 "사이에"(between)로 대체하였다.

60. Bunyan, *A Discourse upon the Pharisee and the Publicane*, 178; *Works*, 2:270을 보라.

61. Bunyan, *A Treatise of the Fear of God*, 16; *Works*, 1:441을 보라.

번연은 하나님께 경배드리는 것은 두려운 행동이라고 했다. 왜냐하면 "하나님께 드리는 예배"이기 때문이다. 하나님께서는 우리와 비교할 수 없을 만큼 무한하게 높은 곳의 범주에 계신 분이시다. 번연이 살았던 세상은 계급사회였다. 자녀들은 부모를 섬기고, 좋은 주인을 섬기며, 신하는 귀족이나 왕같은 주군을 섬기는 그러한 사회였다. 만약 우리가 합당한 것으로 존경할 자를 존경해야 한다면(롬 13:7 참고), "그 위대하고 두려우신 분"을 얼마만큼의 경외로 섬겨야겠는가?[62]

그뿐만 아니라, 번연은 "그 영광스러운 왕은 그를 예배하는 자리에, 그를 예배하는 자들 가운데 임재하시며, 예배를 바라보신다."라고 말했다. 주 예수께서는 교회가 모인 곳에 "나도 그들 중에 있느니라"(마 18:20; 시 22:22 참고)라고 약속하셨다. 이 약속은 믿는 자들에게 위로를 준다. 그리스도의 임재는 신자들에게 위로가 되지만, 동시에 경외Awe를 불러일으킨다. 번연은 독자들에게 요한계시록의 환상을 상기시키며, 그리스도의 임재는 경외의 문제임을 말했다. "사도 요한은 그리스도께서 일곱 금 촛대 사이로 거니셨다고 말하고 있습니다(계 1장). 또한 교회에 계신 그리스도의 얼굴은 해가 힘 있게 비

---

[62]. Bunyan, *A Treatise of the Fear of God*, 17; *Works*, 1:441을 보라.

치는 것 같고, 머리와 털은 희기가 흰 눈 같으며, 그의 눈은 불꽃같습니다. 우리는 이러한 그리스도를 두렵고 떨림으로 예배합니다."[63] 안타깝게도 교회는 너무나 빈번히 그곳에 누가 와 계신지를 잘 인지하지 못한 채 하나님께 예배를 드린다.

하지만 하나님의 영광을 향한 하나님의 사랑은 하나님께 드리는 예배를 거룩한 열정으로 타오르게 한다. 번연은 "하나님께서는 질투하시기까지 그의 예배를 지키신다."라고 말했다. 십계명 중 둘째 계명에서 하나님께서 스스로를 질투하시는 분이라 선언하시는데, 그 계명은 우리가 어떻게 예배하는지에 대한 계명이다(출 20:4-6 참고).[64] 여기서 하나님의 질투는 그 이유가 분명하다. "하나님을 기쁘시게 하는 온전한 예배를 드려" 하나님께 영광을 돌려야 하는 제사장인 나답과 아비후가 하나님께 거룩한 제사를 드리지 않았기에 죽임을 당했다(레 10:1-3 참고). 마찬가지로 엘리의 아들들과 웃사, 아나니아와 삽비라 역시 두려움으로 하나님께 예배를 드리지 않았기에 하나님의 심판을 면치 못했다(삼상 2장; 대상 13장; 행 5장 참고).[65]

이어서 번연은 예배 속에서 드러나는 하나님의 "두려움의

---

63. Bunyan, *A Treatise of the Fear of God*, 18; *Works*, 1:441을 보라.
64. Bunyan, *A Treatise of the Fear of God*, 18; *Works*, 1:441을 보라.
65. Bunyan, *A Treatise of the Fear of God*, 19; *Works*, 1:442을 보라.

임재"는 세 부류의 사람을 훈계한다고 말했다. 첫 번째 부류의 사람은 하나님께 전혀 예배를 드리지 않는 사람이다. 그들은 하나님의 위엄에 대한 경외심도 없고, 공동체 가운데 계시는 가장 높은 곳의 하나님께 영광을 돌리지도 않는다. 하나님께서는 하나님의 진노와 분노를 그들에게 부으실 것이다(시 79:6; 렘 10:25). 두 번째 부류의 사람은 마음가짐이 어떠한지는 전혀 신경 쓰지 않고, 오직 육체적으로 공적 예배에 참여하는 것만으로도 이미 충분하다고 생각하는 자들이며, 하나님께서는 이들을 꾸짖으신다. 어떤 이들은 교회에 잠을 자러 오는가 하면, 인맥을 넓힌다든지, "무익한 공동체를 만들어 그 가운데서 악한 관계를 즐기러 온다." 아니면 성적으로 매력적인 이들을 음욕을 품고 바라보기도 한다. 하나님께서는 이런 자들을 저주하신다. 왜냐하면 이들은 하나님께 두려움을 가지고 예배드리러 나아오지 않았기 때문이다. 세 번째 부류는 예배를 드릴 때 단지 사람이 만든 계명에 근거하여 지킬 뿐, 예배가 어떻게 드려지는 것에는 상관하지 않는 사람들이다. 하나님께서는 이들을 가리켜 "내 숨결에 나는 악취"라고 했다(사 29:13-14; 마 15:7-9 참고).[66]

---

66. Bunyan, *A Treatise of the Fear of God*, 20-21; *Works*, 1:442을 보라.

과연 하나님의 자녀들은 담대함과 자유로 예배를 드릴 수 있을까? 성도들의 예배는 하나님의 위엄 앞에서 겁을 먹은 것처럼 비참한 모습일 뿐인가? 전혀 그렇지 않다. 번연은 하나님에 대한 두려움이 성도들에게 "하나님의 임재 앞으로 나아갈 때 … 담대함을 준다."고 가르쳤다. 번연의 가르침은 느헤미야 1:11이 뒷받침한다. "주여 구하오니 귀를 기울이사 종의 기도와 주의 이름을 경외하기를 기뻐하는 종들의 기도를 들으시고 오늘 종이 형통하여 이 사람들 앞에서 은혜를 입게 하옵소서 하였나니 그 때에 내가 왕의 술 관원이 되었느니라." 그렇다면 느헤미야는 어떻게 하나님에 대한 두려움을 통하여 담대한 기도를 드릴 수 있었는가? 번연은 다음과 같이 대답한다. "높은 사람이나 낮은 사람을 막론하고 여호와를 경외하는 자들에게 복을 주시리로다"(시편 115:13 참고).[67] 경외함은 하나님의 언약 안에서의 믿음과 연합하여 확신과 함께 기도할 수 있도록 힘을 준다. 그렇기 때문에 경외와 확신은 원수가 아닌 동료이다.

번연의 이야기에는 경외가 가득하지만, 찬양과 기쁨도 충만하다. 교회의 성도가 된 이들은 "자신이 교회에 속해 있다는 사실로 인해 기뻐하며, 곧 집에도, 마음에도, 그리고 천국

---

67. Bunyan, *A Treatise of the Fear of God*, 192-93; *Works*, 1:481을 보라.

에도 기쁨의 노래가 흘러나오고 있다는 것"을 발견한다.[68] 그리스도의 복음은 현악기의 현과 같아서 "튕기기만 해도 노래를 창조하는데, 다리 저는 이들은 춤을 출 것이요, 거인들은 떨게 될 것이다."[69] 성경은 오직 사탄과 그를 따르기로 한 자들에게만 나쁜 소식일 뿐이다.

거룩하신 하나님 가까이로 담대하게 나아가게 하는 열쇠는 예수 그리스도이다. 그리스도의 의로 말미암아 의롭다 칭함 받고, 성령 하나님으로 거듭나 성화를 이루는 이들은 그리스도와 그의 피 흘리심을 믿는 믿음으로 하나님 가까이로 담대히 나아갈 수 있다(히 4:16; 10:19-22 참고). 번연은 이렇게 고백했다. "보혈 없이는 담대함도, 경건한 담대함도 없습니다. … 죄책감과 두려움을 소멸시키며, 결국 담대함에 이르게 하는 것은 그리스도의 피를 믿는 믿음, 보혈의 능력입니다."[70] 공의와 거룩은 본질적으로 "죄와 죄인을 단호히 반대하며," 우리의 어떠함보다 높은 곳에서 영광 가운데 계신 하나님의

---

68. Bunyan, *The Pilgrim's Progress … The Second Part*, 73; *Works*, 3:198을 보라.
69. Bunyan, "The Author's Way of Sending Forth His Second Part of the Pilgrim," in *The Pilgrim's Progress … The Second Part*, A6r; *Works*, 3:170을 보라.
70. John Bunyan, *The Saints' Privilege and Profit, in Works* (1692), 270; *Works*, 1:660을 보라.

속성이지만, "예수 그리스도의 열심Passion으로 말미암아 우리 영혼의 구원 안에서 조화를 이룹니다." 하나님께서는 그의 모든 속성과 사랑을 그리스도 안에서 한 곳에 묶습니다. "하나님의 공의는 그의 아들 안에 있는 자들을 사랑하는, 사랑의 지혜, 사랑의 권능, 사랑의 거룩과 진리로 변합니다. 우리에게 주신 그리스도의 의 안에서는 정죄함이 없기 때문입니다."[71]

하지만 생수의 강이 하나님의 보좌로부터 흘러나옴 같이 (계 22:1 참고), 그리스도 안에서 하나님의 은혜는 하나님의 통치의 위엄으로 가득하다. 번연은 다음과 같이 고백했다. "실로 하늘과 땅에는 하나님의 은혜 외에는 인간의 마음을 두려워하게 하는 것은 아무것도 없습니다. 하나님의 은혜는 사람을 두렵게 하고, 사람을 떨게 하며, 또 사람을 엎드리게 하여 산산이 부서뜨립니다. 그리고 하나님의 은혜는 위엄이 있어 자녀의 마음을 다스립니다. 그 무엇도 하나님의 은혜에 견줄 수 없습니다."[72] 그렇기에 그리스도의 보혈을 믿는 믿음으로 예배하는 자들은 정죄를 두려워하지 않으며, 동시에 거룩한 두려움으로 충만하다.

---

71. Bunyan, *The Saints Knowledge of Christ's Love*, in *Works* (1692), 403; *Works*, 2:3-4을 보라.

72. John Bunyan, *The Water of Life* (London: Nathanael Ponder, 1688), 39; *Works*, 3:546-47을 보라.

4
죄로써의 두려움과
준비 단계로써의 두려움

번연의 소설 『거룩한 전쟁』*The Holy War*에서 악령의 독재자인 디아볼루스Diabolus는 맨소울Mansoul이라는 도시가 선한 왕으로부터 등을 돌리도록 미혹하여, 자신이 통치하게끔 한 다음에 그 도시를 악으로 채웠다. 디아볼루스는 맨소울을 다스렸고, 양심 씨Mr. Conscience가 때때로 방해하는 경우를 제외하고는 죄가 가득한 거짓 평화의 상태로 만든다. 하지만, 이전의 왕인 샤다이Shaddai의 군대가 도시를 탈환하고자 한다는 소식을 들은 디아볼루스는 도시의 주민들에게 전쟁을 준비하도록 명령한다. 그러곤 주민들에게 샤다이의 군대가 오면 항복하는 사람들에게 자비를 베풀지 않을 것이고, 오직 죽이고 파괴할 것이라고 속였다. "피, 피, 샤다이의 나팔 소리가 들릴 때마다 불쌍한 맨소울에는 피가

뿌려지리라."[1] 마귀는 그의 백성들에게 강퍅한 마음의 "강철 흉갑"과 불신의 "방패"를 주어, 회개하는 이들에게 자비를 베풀 것이라는 샤다이의 약속이 들리지 못하게 했으며, 저항하는 자들에게 심판이 있을 거라는 경고의 메시지를 두려워하지 못하게 했다.[2]

샤다이 왕은 4명의 대장이 이끄는 40,000명의 군대로 맨소울을 시험할 것을 결정했다. (『거룩한 전쟁』의 각주에는 4명의 대장이 "하나님의 말씀"이라 적혀 있다.) 이들 각각의 이름은 세 개의 불타는 우레가 새겨진 문장의 대장 보아너게Boanerges와, 율법 조문으로부터 솟아오르는 화염이 새겨진 문장의 대장 증거Conviction, 불타는 용광로가 새겨진 문장의 대장 심판Judgement, 열매가 없는 나무의 뿌리 앞에 놓인 도끼가 새겨진 문장의 대장 집행Execution이다.[3] 하지만 디아볼루스의 중상모략과는 반대로, 네 명의 대장들은 파괴하러 온 것이 아니라, 맨소울을 구할 믿음, 사랑, 자비, 은혜의 갑옷을 입은 임마누엘 왕자가 도착하기 전까지 맨소울의 교만한 저항의 성을 무

---

1. John Bunyan, *The Holy War, Made by Shaddai upon Diabolus* … *Or, the Losing and laking Again of the Town of Mansoul* (London: Nat. Ponder, 1696), 37–38; *Works*, 3:268을 보라.

2. Bunyan, *The Holy War*, 39–40; *Works*, 3:269을 보라.

3. Bunyan, *The Holy War*, 41–42; *Works*, 3:270을 보라.

너뜨리기 위한 것이다.

위에서 간략하게 소개한 번연의 생생한 이야기는 사탄이 별다른 저항을 받지 않고도 인간의 영혼을 지배하는 것은 자비로우신 하나님께서 그의 말씀을 보내시기 전까지만 유효하다는 것을 가르쳐준다. 사탄은 회개로 나아가게 하는 두려움을 방해하기 위해 죄인들을 강퍅하게 하며, 대신에 마치 하나님께서 원래 악하신 분으로 여기도록 하나님에 대한 미움을 불러일으키는 두려움으로 그들의 마음을 채운다. 이러한 두려움에 떨고 있는 이들에게 번연은 다음과 같이 질문한다. 마귀가 하나님을 두려워하는 것과 같이 죄인들이 하나님을 두려워한다면 무슨 유익이 있겠는가? 사탄이 주는 두려움은 사람들을 하나님과 그의 교회로부터 멀어지게 하거나, 적어도 한동안 하나님으로부터 그 마음이 멀리 떠나 있게 한다.[4] 그러나 하나님의 말씀이 선포되면 죄인들은 그들의 죄에 대한 감각이 생겨 두려움에 떨게 되고, 이내 자신을 그 죄로부터 구원해주실 분이 필요하다는 것을 깨닫는다.

불신자의 삶 속에 나타나는 두려움에 대한 번연의 설명을 이해하기 위해서, 우리는 번연의 두 가지 가르침에 귀를 기울

---

4. John Bunyan, *A Treatise of the Fear of God* (London: N. Ponder, 1679), Works, 1:477을 보라.

여야 할 것이다. 먼저 죄인들은 하나님을 사랑하지 않은 채 하나님을 두려워할 수 있다는 것과, 둘째로 하나님께서는 지옥과 지옥형벌에 대한 두려움을 통해 죄인들이 복음에 대해 진지하게 고민할 수 있도록 하신다는 것이다.

하나님에 대한 경건하지 않은 두려움

이스라엘 백성들이 시내산 기슭에서 두려움에 떨고 있을 때, 모세는 다음과 같이 말했다. "두려워하지 말라 하나님이 임하심은 너희를 시험하고 너희로 경외하여 범죄하지 않게 하려 하심이니라"(출 20:20). 두려워하지 말라, 하나님이 임하심은 너희로 경외하게 하려 하심이라. 언뜻 보면 모순처럼 여겨지는 하나님의 말씀 속에서 번연은 한 가지 사실을 추론할 수 있었다. 하나님께서는 경건하지 않은 자들에게 어떠한 종류의 두려움은 금하시지만, 대신에 다른 종류의 두려움을 부여한다는 것이다.[5] 이와 같이 두려움의 종류를 구별하는 것은 번연의 신학에 핵심적인 역할을 한다. 즉 하나님에 대한 건전

---

5. Bunyan, *A Treatise of the Fear of God*, 38-39; *Works*, 1:446을 보라.

하지 못하고 죄악으로 가득한 두려움과, 영적으로 건실하고 열매로 가득한 두려움을 구별할 수 있게 하였다.

번연은 회심하지 않는 자에게 있는 하나님에 대한 두려움을 가리켜 "경건하지 않는 두려움"이라고 일컬었다. 그리고 성경은 그들이 아직 죄에 상태에 있음을 말한다는 것을 잘 알고 있었다. "그들의 눈앞에 하나님을 두려워함이 없느니라"(롬 3:18; 시 36:1 참고).[6] 즉 그들은 영원한 생명과 동반하는 경건한 두려움을 가지고 있지 않다는 것을 뜻한다. 악인은 악한 방식으로 하나님을 두려워할 수 있다. 이러한 두려움은 "본성적인 빛"으로부터 비롯될 수 있다. 이 빛은 하나님에 대한 지식과 타락한 인간의 마음과 양심에 남아 있는 하나님의 율법을 말하며(롬 1:19-20, 32; 2:14-15; 잠 20:27 참고), 이런 가르침은 초기 근대에 쓰인 저서에서 널리 언급되었다. 번연은 이교도들 사이에서도 합리적이고 정직한 삶을 사는 사람들을 찾아볼 수 있었다고 말했다(창 20:9-11 참고). 더군다나 악인들도 이스라엘 백성들을 애굽에서 이끌어 내셨을 때 나타내신 하나님의 전능하신 역사와 같은 특별한 섭리에 대한 반응으로 하나님을 두려워할 수 있다.[7]

---

6. Bunyan, *A Treatise of the Fear of God*, 88; *Works*, 1:457을 보라.

7. Bunyan, *A Treatise of the Fear of God*, 34-35; *Works*, 1:445을 보라.

내면의 빛에 대한 퀘이커들의 가르침을 반대하는 논쟁에서 번연은 양심의 본성적인 빛과 초자연적인 성령 하나님의 조명하심을 구별하기 위해 노력하였다. 그리스도께서는 인류의 창조주이시다. 그가 인간을 창조하실 때 모든 이들에게 "양심"이라 불리는 "빛"을 주셨고, 이 빛을 통하여 영원하신 하나님께서 만드신 법이 죄를 미워한다는 것을 보도록 하셨다(요 1:9; 롬 1:20 참고). 이는 본성이 어떻게 도덕을 가르치는지 보여주는 예이다(고전 11:14 참고).[8] 모든 사람은 이같이 창조된 혹은 "본성적인" 빛을 가지고 있다. 그러나 그리스도의 영은 모두에게 있지 않다(유 19절). 사람들은 "죄를 인정하는" 양심을 가질 순 있다. 하지만 그들은 거짓 종교를 따르고, 계속해서 여전히 죄의 노예로 살아간다. 그러나 성령 하나님께서는 사람을 죄에 대하여는 죽고 의에 대하여는 살리신다(롬 8:10 참고). 양심에 의한 죄책감 자체는 마귀가 가지고 있는 것 이상으로 사람이 하나님을 믿게 하지 못한다. 그래서 단지 하나님께서 벌하실 것과 그들의 반역으로 인해 받게 되는 고통의 차원에서 떨 뿐이다(마 8:28; 약 2:19).[9]

---

8. John Bunyan, *Some Gospel-Truths Opened* (London: J. Wright, 1656), 67-69; *Works*, 2:151을 보라.

9. Bunyan, *Some Gospel-Truths Opened*, 70-72; *Works*, 2:152을 보라.

번연은 다양한 방법으로 경건하지 않은 두려움이 스스로 나타날 수 있다는 것을 설명했다. 다음에 이어지는 번연의 연구는 독자들로 하나님에 대한 두려움이 경건한 것인지 경건하지 못한 것인지 분별할 수 있도록 돕는다. 첫 번째로, 사람은 자신의 죄로 인하여 하나님께로부터 심판을 받게 될까 두려워할 수는 있지만, 그로 인한 반응이 하나님께 회개하고 순종하는 것이 아니라, 하나님을 향한 분노나 적개심으로 나타나는 경우가 있는데, 이는 경건하지 못한 두려움이다. 출애굽 때의 이스라엘 백성들은 광야에서 그들을 멸망시키려 하셨던 하나님을 탓하며, 경건하지 못한 두려움을 나타내었다.[10]

두 번째로, 경건하지 않은 두려움은 하나님으로부터 멀어지게 하고, 그들의 죄에 대한 감각이 둔해지게 하며, 하나님의 공의에서 벗어나게 한다. 에덴동산에서 하나님께 불순종한 아담의 두려움과 시내산에서 하나님의 위엄을 목격하고 거룩한 율법을 들었을 때 이스라엘 백성들의 반응이었던 두려움이 바로 그 두려움이다.[11] 경건하지 않은 두려움은 분노와 강퍅한 마음을 불러일으킨다. 번연은 그가 살았던 시대의 많은 사람에게 이러한 두려움이 심겨져 있었다고 말했다.

---

10. Bunyan, *A Treatise of the Fear of God*, 36; *Works*, 1:445을 보라.
11. Bunyan, *A Treatise of the Fear of God*, 37 – 38; *Works*, 1:446을 보라.

"그들은 죄에 대해 확신을 가질 수 없을 뿐만 아니라, 설교를 통해 율법이 선포될 때 설교자든, 설교자의 설교든 어느 것에도 따르지 않을 것입니다."[12]

세 번째로, 경건하지 않은 두려움이 몇몇에게 어느 정도까지 교회에 소속되게 할 수 있을지는 몰라도, 개인적인 기도를 드림으로써 정직하게 하나님을 찾거나 공적인 예배에서 열정적으로 하나님을 섬기기는 거부할 것이다. 그들은 달란트 비유에서 말하는 주인을 굳고 욕심 많은 사람으로 여기며 두려워하는 게으른 종과 같다(마 25:24-25 참고). 이 경우, 두려움은 오히려 "사람의 본성으로 비추어 보았을 때 그리스도께서 선하지 않다고 여기게 할 것이며, 참 경건으로 향하는 움직임에도 어떠한 영향을 주지 않을 것이다."[13]

네 번째로, 경건하지 않은 두려움은 하나님 앞에서 자신들의 의를 세우기 위한 도구로 율법을 행하도록 동기를 부여하면서도, 그리스도께서 그들의 의가 되심은 거부하게 한다. 성육신하신 예수님의 공생애 시대에 살았던 많은 유대인은 율법에 대해서는 열정적이었으나, 예수님을 그들의 의로 믿지는 않았다. 자신의 행위와 그리스도의 공로를 혼합하려 하

---

12. Bunyan, *A Treatise of the Fear of God*, 39; *Works*, 1:446을 보라.
13. Bunyan, *A Treatise of the Fear of God*, 41-43; *Works*, 1:447을 보라.

는 시도는 마치 두 의자를 한 사람이 한꺼번에 앉으려는 것과 같다.¹⁴

마지막으로, 경건하지 않은 두려움을 가진 사람들은 "이미 완성되어 계시된 하나님의 뜻에 또 다른 무언가를 더한다. 그래서 그들은 하나님의 진노를 달랜다는 의미로 그들만의 우상을 만들고 의식을 행한다." 번연은 이 부류에 속하는 사람들로 바리새인들과 평안을 구하는 목적으로 마리아에게 기도드리고 스스로 채찍질하며 고행하는 로마가톨릭 교인들을 지목했다.¹⁵ 이들은 에덴동산의 아담과 하와가 그랬던 것처럼 금지된 과실을 먹은 후 "깨어 있는 죄인들"이 되었다. 결과적으로 "그리스도를 생각하거나 용서하시는 하나님의 자비"를 구하지 않으면서, 스스로 무화과 나뭇잎으로 자신을 가리고, 그들만의 우상과 그들만의 의의 법을 만드는 길로 가게 되었다. 즉, 하나님께서 결코 허락하지 않는 방법으로 자신의 상처를 낫게 하고자 한 것이다(호 5:13 참고).¹⁶

번연은 하나님에 대한 경건하지 않은 두려움이 사람의 영

---

14. Bunyan, *A Treatise of the Fear of God*, 44-45; *Works*, 1:447-48을 보라.

15. Bunyan, *A Treatise of the fear of God*, 46-47; *Works*, 1:448을 보라.

16. John Bunyan, *Exposition on the Ten First Chapters of Genesis, and Part of the Eleventh*, in *Works* (1692), 16; *Works*, 2:432을 보라.

혼과 하나님과의 관계에 잠재적으로 해로운 영향을 미치게 하는 것에 민감하게 반응했다. 많은 종교적 두려움은 사람들을 공포에 떨게 하여 그들로 하여금 종교 행위를 하도록 조장하는 것에 목적을 두고 있는데, 번연은 이것을 거부하였다. 경건하지 않아도 하나님에 대한 두려움을 가질 수 있다는 것을 어린 시절의 경험을 통해 잘 알고 있었다. 그가 아홉, 열 살일 때 마귀에 대한 "두려운 꿈"으로 고통을 받았던 적이 있었는데, 때때로 지옥 불에서 끔찍한 고문을 받을까 하여 불안해하였다.[17] 그럼에도 불구하고 그는 빛으로 나오지 않고, 오히려 불량 청소년들의 리더가 되었다. "당시에 저는 종교에 대한 생각으로 아주 큰 슬픔에 빠졌습니다. 어느 정도였냐면, 저 스스로는 그 슬픔을 절대 견뎌낼 수 없었습니다. 다른 어떠한 것들도 마찬가지로 견딜 수 없었습니다. 그런 시기에 기독교 경건에 관한 책 몇 권을 읽게 되었는데, 비로소 감옥에 갇혀 있는 것 같은 저를 발견하였습니다. 그러곤 저는 하나님께 아뢨습니다. '나를 떠나소서, 주의 도리를 알기를 바라지 아니하나이다'(욥 21:14-15)."[18]

---

17. John Bunyan, *Grace Abounding to the Chief of Sinners*, 8th ed. (London: Nath. Ponder, 1692), 2-3; *Works*, 1:6을 보라.

18. Bunyan, *Grace Abounding*, 5; *Works*, 1:7을 보라.

경건하지만 일시적인 두려움

번연은 경건하지 않은 두려움 외에 죄인을 그리스도께로 나아가게 하는 선한 방법으로 쓰임 받는 두려움이 있다고 가르쳤다. 그런데 이런 종류의 두려움은 한번 그리스도를 믿게 되면, 더 이상 도움이 되거나 적절하게 쓰일 수 없다. 경건하지 않은 두려움은 타락한 인간에게 남아있는 하나님과 그의 뜻을 아는 지식으로부터 나오며 비정상적인 섭리에 의해서 자극을 받는 반면, 번연이 말하는 이 두려움은 말씀과 성령에 의해 나타난다. "진노의 말씀"은 죄인들을 깨워 그들이 하나님의 법을 어겼음을 알게 하고, 그 때문에 영원한 형벌에 처할 수밖에 없음을 깨닫게 하는 도구이다. 번연이 아직 회심하지 않는 죄인이 가지게 되는 이 두려움을 "경건한" 두려움이라고 부르는 이유는 죄인을 두렵게 하는 원인이 하나님 앞에서 죄와 정죄의 상태에 있음을 알게 하는 말씀에 있기 때문이다(요 3:18, 36).[19] 하나님의 율법은 두려움을 불러일으키는 도구다. 왜냐하면 "율법은 하늘의 위엄이신 하나님의 의로우심과 거룩하심을 가장 온전하게 나타내며, 인간에게 하나님

---

19. Bunyan, *A Treatise of the Fear of God*, 48-50; *Works*, 1:448을 보라.

의 진노의 날카로움과 예리함에 대해 열변을 토하기 때문이다."[20] 『천로역정』의 우화에서 크리스첸은 무거운 짐을 등에 지고, 한 손에는 책을 든 "누더기 옷을 입은 남성"의 모습으로 등장한다. "그는 책을 읽으면서 눈물을 흘리고, 두려움에 떨며" 소리쳤다. "전 이제 어찌해야 합니까?"[21] 이 이야기는 경건하지만 일시적으로 작용하는 두려움을 경험한 번연의 개인적인 삶의 고백이기도 하다.[22]

율법은 복음의 길을 예비한다. 번연은 이렇게 설명했다. "여러분이 복음의 권위와 능력을 알고자 한다면, 먼저 율법의 권위와 능력을 알아야 할 것입니다. … 율법을 알지 못하는 사람은 자신이 죄인이라는 것을 진실로 알지 못하는 사람입니다. 자신이 죄인이라는 것을 알지 못하면, 자신을 구원해주실 구원자가 계시는 것 또한 알지 못합니다."[23] 피터 드 브리스Peter de Vries는 번연의 말을 인용하며 다음과 같이 말했다. "중요한 것은 얼마만큼 심각한 죄를 지었는가도, 얼마나 오랫

---

20. John Bunyan, *The Resurrection of the Dead and Eternal Judgement* (London: Francis Smith, ca. 1665), 128-29; *Works*, 2:114을 보라.
21. John Bunyan, *The Pilgrim's Progress from This World, to That Which Is to Come*, 3rd ed. (London: Nath. Ponder, 1679), 1; *Works*, 3:12을 보라.
22. 이 책의 1장을 참고하라.
23. John Bunyan, "The Epistle to the Reader," in *The Doctrine of the Law and Grace Unfolded* (London: M. Wright, 1659), A5r; *Works*, 1:494을 보라.

동안 죄책감을 가지고 있었는가도 아닙니다. 우리가 죄를 지었음을 아는 것과 그리스도 없이는 자신이 죄인이라는 사실조차도 자각 할 수 없음을 깨닫는 것입니다."[24]

번연은 루터의 갈라디아서를 읽으면서 그리스도를 믿는 믿음으로 향하는 준비 단계로써 율법에 따른 죄에 대한 자각의 교리를 대면하였다. 루터의 갈라디아서는 영적 투쟁을 치르는 동안 번연이 소중하게 간직했던 주석이다. 루터는 "율법의 참된 직무는 우리에게 자신의 죄를 보여주는 것이고, 우리로 가책을 느끼게 하며, 우리를 겸손케 하고, 우리는 죽이는 것이며, 우리를 지옥에 내려가게 하여, 마침내 모든 도움, 모든 위로를 앗아가는 것이다." 다만, 완전한 절망으로 빠지게 하지는 않는다. "그러나 그렇게 함으로써 율법은 그들을 그리스도께로 나아오도록 준비되게 한다."[25] 그렇다고 그가 모든 면에서 루터를 따른 것은 아니다. 루터는 바울이 초등교사에 비유한 율법(갈 3:24 참고)을 도덕법이라 이해한 반면, 퀘이커교도들의 교리를 반박하는 초기 저서들에 따르면, 번연은 초등교사로서 그리스도께로 인도하는 율법을 의식법이라 믿었다.

---

24. Peter de Vries, *John Bunyan on the Order of Salvation*, trans. C. van Haaften (New York: Peter Lang, 1994), 138.

25. Luther, *Galatians*, fol. 171v, 172v [on Gal. 3:22, 23].

루터의 갈라디아서 3장 해석은 종교개혁의 전통에서 벗어난 것이다.[26] 하지만 예수를 구주로 영접하기 이전에 죄를 확신하는 단계pre-conversion에 대한 번연의 이해는 존 칼빈과 청교도가 세운 일반적인 개혁신학의 가르침을 따른다.[27]

하나님의 진노에 대한 두려움은 단순한 양심의 반응이 아니다. 오히려 "성령 하나님께서 마음에 역사하셨다는 것을 뜻한다."[28] 번연은 성령 하나님께서 불신자들에게 그들의 죄와 그들이 지옥 형벌을 받을 상태에 놓여있다는 것을 깨닫게 하신다고 말했다(요 16:8-9 참고). 그리고 이와 같은 일을 행하실 때 특별히 하나님께서는 율법으로 행하신다. "율법으로는 죄를 깨달음이니라"(롬 3:20). 번연은 이어서 로마서 8:15에 집중했다. "너희는 다시 무서워하는 종의 영을 받지 아니하고 양자의 영을 받았으므로 우리가 아빠 아버지라고 부르짖느니

---

26. Richard L. Greaves, "John Bunyan and Covenant Thought in the Seventeenth Century," *Church History* 36, no. 2 (June 1967): 155-56. See Luther, *Galatians*, fol. 172r [on Gal. 3:32-24]; John Bunyan, *A Vindication of the Book Called, Some Gospel-Truths Opened* (London: Matthias Cowley, 1657), 17을 보라.

27. Joel R. Beeke and Paul M. Smalley, *Prepared by Grace, for Grace: The pur on God's Ordinary Way of Leading Sinners to Christ* (Grand Rapids: Reformation Books, 2013).

28. Bunyan, *A Treatise of the Fear of God*, 50; *Works*, 1:449을 보라.

라." 여기서 핵심인 단어 "다시"를 주목해보자. 성령 하나님께서는 먼저 종의 영으로 일하신다. 그리고 나서 양자의 영으로 일하시는데, 그리스도 안에 있는 신자들을 위한 종의 영으로는 결코 다시 일하시지 않는다. 성령 하나님께서 앞서 일하실 때 종의 영이라 불리는 이유는 "우리에게 실제적으로 율법과 마귀, 사망과 지옥형벌에 매여있음을 가르쳐주시기 때문"이다. 그리고 하나님께서 작정하신 날까지 매여있는 상태에 머무르게 하신다.[29]

이는 분명 하나님의 초자연적 역사이며, 말씀을 통해 신령한 능력을 행하신 것이다. 오직 하나님의 능력만이 마음을 깨뜨릴 수 있는데, 하나님께서는 성경을 도구로 사용하신다. 번연은 다음과 같이 기록했다. "이제 하나님의 손이 말씀과 함께할 때, 그때 능력이 나타납니다. 하나님께서는 '오직 어떤 견고한 진도 무너뜨리는 하나님의 능력이라'(고후 10:4)라고 말씀하셨습니다. 영과 혼의 검처럼 날카롭고, 죄인의 마음에 말씀이 화살처럼 박힙니다. 죄인들은 결국 하나님의 발 앞에 엎드려 자비를 구할 수밖에 없습니다. 전에 말했듯이, 말씀은 때론 불과 같이, 때론 망치와 같이 마음의 견고한 성을 무너

---

29. Bunyan, *A Treatise of the Fear of God*, 50-52; *Works*, 1:449을 보라.

뜨립니다."[30]

이 역사가 초자연적이라고는 하지만 반드시 구원에 이르게 하지는 않는다.[31] 그렇기 때문에 이러한 역사는 하나님의 "일반적인 역사"에 속하며, "구원과 영혼에 영원한 유익을 주는 역사"와는 분명히 다르다. 따라서 초자연적인 역사를 경험한 사람이라 할지라도 결국 구원에 이르지 못하며, 지옥 형벌을 두려워할지라도 멸망에 이르게 될 수도 있다. 즉 진정한 회심과 결부되는 "하나님에 대한 두려움의 은혜"가 여전히 필요한 상태인 것이다.[32]

성령 하나님께서는 죄인들이 말씀을 들었을 때, 평상시에는 경험하지 못하는 깊이와 넓이로 그 영혼을 구원하시기 위해 율법과 복음을 사용하신다. 율법은 죄인들의 양심에 그들이 하나님의 계명을 역겨울 정도로 지독하게 위반하였음을 알려주는 반면, 성령 하나님께서는 기도와 교회 봉사, 도덕적으로 나아지려는 노력 등을 포함한 인간의 모든 의가 "더러운 옷"(사 64:6)이며, 하나님 앞에서는 배설물에 불과하다는 것

---

30. John Bunyan, *The Acceptable Sacrifice: Or the Excellency of a Broken Heart* (London: George Larkin, 1689), 37; *Works*, 1:694을 보라.

31. Bunyan, *The Acceptable Sacrifice*, 44; *Works*, 1:69을 보라.

32. John Bunyan, *A Holy Life, The Beauty of Christianity* (London: by B. W. for Benj. Alsop, 1684), 50-51, 63; *Works*, 2:521-23을 보라.

을 깨닫게 하신다. "침상이 짧아서 능히 몸을 펴지 못하며 이불이 좁아서 능히 몸을 싸지 못함 같으리라 하셨느니라"(사 28:20 참고). 그뿐만이 아니라 성령 하나님께서는 복음을 통하여 죄인들이 그리스도를 믿지 않는 악하고 지독한 죄를 깨닫게 하시고, 그들을 구원하시기 위해 그리스도의 의의 필요성과 충분성을 마음에 심기우시며, 세상을 심판하시기 위해 예수 그리스도께서 다시 오실 것에 확신을 갖게 하신다(요 16:9-11 참고).[33]

회심을 성경적으로, 그리고 경험적으로 가르칠 때 번연은 앞에서 언급한 하나님의 역사에 대한 두려움이라는 측면을 매우 중요하게 다뤘다. 그리고 이어서 그리스도를 절실하게 필요로 하지 않거나, "그리스도 없어도 절망에 휩싸인 상태"가 되지 않는다면, 그 누구도 그리스도께 나아올 수 없다고 말했다.[34] 성경은 여러 곳에서 그와 같이 증언한다. 번연은 바울이 로마서 8:15에서 말하는 종의 영을 자신의 개인적인 삶에서도 드러난 로마서 7:9-10에서 말하는 "사망에 이르게 한" 율법과 연결 시켰다. 번연은 당시 자신이 겪은 두려움

---

33. Bunyan, *Some Gospel-Truths Opened*, 79, 83-86; *Works*, 2:153-54을 보라.
34. John Bunyan, *Come, and Welcome, to Jesus Christ*, 4th ed. (London: by J. A. for John Harris, 1688), 22; *Works*, 1:247을 보라.

을 바울이 다메섹에서 그리스도를 대면한 후 그를 찾아온 아나니아를 통하여 위안과 용서의 말씀을 받을 때까지 3일간의 시간에 빗대어 설명하였다(행 9:1-18; 22:12-16 참고). 또한 추가적으로 오순절에 베드로가 설교를 했을 때 그것을 들은 유대인들이 "우리가 어찌할꼬?"라고 외친 것과 "내가 어떻게 하여야 구원을 받으리이까?"라고 소리친 빌립보 간수들의 모습에서 그와 같은 두려움을 발견했다(행 2:27; 16:30).[35]

번연은 이와 같은 두려움을 주권적 은혜로 일하시는 하나님의 역사 안에서 죄인들이 그리스도로 말미암는 구원을 얻기 위한 준비 단계로 두었다. 하나님께서는 인자와 사랑으로 죄인들을 구원에 이르게 하실 때 "죄인들을 다루시는 일방적인 방식"으로 말씀을 통하여 죄를 깨닫게 하신다.[36] 번연은 *A Map Showing the order and Causes of Salvation*에서 하나님으로부터 시작하는 회심에 이르게 하는 과정을 다음과 같이 대략적으로 설명하였다.

1. 회심은 하나님의 택하심에서 시작한다.
2. 하나님께서는 택정하심을 입은 자들에게 은혜언약을 주시며,

---

35. Bunyan, *A Treatise of the Fear of God*, 51; *Works*, 1:448-49을 보라.
36. Bunyan, *Saved by Grace*, in *Works* (1692), 566; *Works*, 1:350을 보라.

3. 은혜언약에 의해서 택정하심을 입은 자들이 하나님의 유효적인 부르심을 받아,

4. 하나님의 부르심으로 성령 하나님을 받고, 성령 하나님께서 역사하시며,

5. 성령 하나님의 역사하심으로 죄에 대해 확신하게 된다.

6. 죄에 대한 확신으로 낙심하게 되며,

7. 때로는 사탄으로부터 절망의 유혹을 받는다.

8. 절망은 약속에 이르게 하며,

9. 약속은 믿음을 강하게 하고,

10. 믿음은 기도하려는 마음을 주며.

11. 그 기도를 하나님께서 들으시고,

12. 하나님께서는 자비로 그리스도의 의를 드러내신다.

결과적으로 하나님의 택정하심을 입은 자들은 거룩을 향한 확신과 진정한 사랑을 얻게 되고, 죄를 인식함으로 겸손하여지며, 죄를 경계하고, 십자가로 인내하며, 하나님의 선하심을 더욱 경험하게 된다.[37]

---

37. Bunyan, *A Mapp Shewing the Order and Causes of Salvation and Damnation*, in *Works* (1692), 첫 번째 페이지 앞에는 표기된 페이지 매김이 없음.

죄인을 회심에 이르게 하는 과정을 담은 번연의 지도 Map는 윌리엄 퍼킨스William Perkins가 쓴 *A Survey or Table Declaring the Order of the Causes of Salvation and Damnation*을 각색한 것이다. 이 책에서도 마찬가지로 퍼킨스는 하나님의 택하시는 사랑에서부터 시작하는 구원의 단계를 따라간다.**38** 퍼킨스는 하나님의 말씀의 선포와 믿음 사이, 마음을 "달래는"(부드러워지게 하는) 중간 단계에 유효적인 부르심을 두었다. 퍼킨스가 책과 함께 첨부한 논문인 *A Golden Chain*에서 설명한 것처럼, 이 단계에서는 하나님의 율법의 망치로 마음이 깨뜨러져, 사람이 자신의 죄악 된 본성과 행위, 그리고 형벌을 받기 마땅한 사람이라는 것을 깨닫게 되는 과정을 겪는다. 또한, 죄를 향한 하나님의 진노를 인지하며, 자신을 구원할 수 없음을 알게 된다.**39** 그리스도 안에서 택하신 죄인들을 구원하시는 하나님의 주권적인 역사의 한 부분으로 죄에 대한 확신을 바라볼 때, 번연의 개혁주의 경험적

---

38. Gordon Campbell, "The Source of Bunyan's *Mapp of Salvation*," *Journal of the Warburg and Courtauld Institutes* 44 (1981): 240-41. 퍼킨스의 기록은 제네바 칼빈의 후계자, 데오도르 베자(Theodore Beza, 1519-1605)의 기록에서 각색하였다.

39. William Perkins, *A Golden Chaine, Or The Description of Theologie, Containing ne Order of the Causes of Salvation and Damnation, According to God's Word* (London: John Legate, 1597), 141 [ch. 36].

Reformed experiential 전통에 서 있었다.

번연은 인간이 "자신의 죄를 스스로 심판"하는 과정을 통해서 하나님 앞에서 엎드러지고 깨어지는 준비단계로써의 두려움을 거쳐 하나님의 의로우심을 깨닫게 된다고 말했다(시 51:1-4 참고). 이러한 단계를 통해서 자신의 영적 상태의 비참함을 깨닫고 비통과 슬픔에 잠기게 된다(렘 31:18-19 참고). 그래서 자신에게는 어떤 선한 것이나 구원받을만한 것이 있다는 생각을 버리고, 혹시라도 소망이 있을까 하여 하나님을 바라며 기다린다(애 3:28-29 참고). 또한 인간은 겸손히 죄인인 자신에게 자비를 베푸실 것을 부르짖어 구한다(눅 18:13). 하나님께서 죄를 씻어주지 않으시거나, 성령 하나님의 "생명의 약속의 말씀과 예수 그리스도로 말미암는 구원이 위로부터 내려오지 않으면, 죄인은 결코 위안을 얻지 못할 것이다(시 51편 참고)."[40]

그러나 그리스도 안에서 믿음을 얻기 전에 모든 사람이 동일한 과정과 동일한 정도의 죄에 대한 확신을 경험하는 것은 아니다. 번연은 다양한 사람들의 각기 다른 경험을 『천로역정』에서 다뤘다. 예를 들어 주인공인 크리스천은 구원의 길로 들어가는 문으로 가는 길에서 낙심의 수렁Slough of

---

40. Bunyan, *A Treatise of the Fear of God*, 53-54; *Works*, 1:450을 보라.

Despond에 빠지게 되었고, 늪지대에서 헤어나올 수 없는 지경에 이르렀다. 번연은 이러한 상황을 가리켜 죄인이 "무언가를 잃어버린 상태에 있음을 스스로 깨닫게 되었을 때" 찾아오는 "여러 가지 두려움, 의심, 낙심, 불안"이라고 말했다.[41] 크리스천은 닫힌 문 앞에 이르렀는데, 그때 문을 "한 번, 두 번, 그 이상"을 두드리며, 자신을 "무거운 짐을 지고 있는 불쌍한 죄인"이라 말하며 문을 열어줄 것을 구하자, 비로소 안으로 들어갈 수가 있었다. 책의 난외주에는 "이 문은 마음이 상한 죄인에게 열린다."라고 기록되어있다.[42]

믿음Faithful이라는 다른 순례자도 크리스천과 마찬가지로 자신이 하나님의 불 심판 앞에 놓인 멸망의 도시City of Destruction에서 살고 있음을 깨닫고 집을 나왔다.[43] 훗날 믿음은 하나님의 은혜의 역사가 "죄에 대한 확신," 특별히 사람의 죄악 된 본성과 불신앙의 죄로 나타나기 시작한다고 말했다(요 16:8-9 참고). 사람은 자신의 죄에 대하여 확신을 가지게 되면, 슬픔과 수치에 빠진다.[44] 믿음이라는 순례자의 경우, 낙심

---

41. Bunyan, *The Pilgrim's Progress*, 14; *Works*, 3:92을 보라.
42. Bunyan, *The Pilgrim's Progress*, 31; *Works*, 3:96을 보라.
43. Bunyan, *The Pilgrim's Progress*, 109; *Works*, 3:117을 보라.
44. Bunyan, *The Pilgrim's Progress*, 137 – 38; *Works*, 3:124을 보라.

의 수렁이라는 극심한 영적 침체에는 빠지지 않았지만, 음탕Wanton이라는 여인에게 유혹을 받았다.[45]

앞서 언급한 대로, 번연은 크리스천의 아내, 크리스티나Christiana의 순례 여정을 이야기한 『천로역정』의 2부를 썼다. 크리스티나는 남편이 죽고 난 후, 남편에게 지었던 죄에 대한 죄책감에 사로잡혔다. 그리고 남편이 외쳤던 "구원을 얻기 위해서 나는 어찌해야 할꼬?"라는 질문이 머리에서 떠나지 않은 채 그녀의 마음을 찢었다. 결국 예전에는 받아드리지 않았던 크리스천의 신앙에 대해 되돌아보게 되었다.[46] 죄인에게 베푸시는 하나님의 자비가 그녀에게도 닿아, 크리스티나는 자녀들과 함께 남편을 쫓아 순례의 길에 들어섰고, 자비Mercy라고 하는 여인과 동행하게 되었다. 그들이 낙심의 수렁을 지날 때 크리스티나는 비록 거의 미끄러질 뻔했지만, "한두 번"도 밑으로 떨어지지 않고 잘 통과했다.[47] 그들이 문에 들어섰을 때 크리스천과는 다르게 좌절Discouragement을 대면하게

---

45. Bunyan, *The Pilgrim's Progress*, 111; *Works*, 3:117을 보라.
46. John Bunyan, *The Pilgrim's Progress, From This World to That Which is to come The Second Part* (London: Nathaniel Ponder, 1684), 6-7; *Works*, 3:17을 보라.
47. Bunyan, *The Pilgrim's Progress* ··· *The Second Part*, 21; *Works*, 3:178을 보라.

되었다. 그들이 마주한 좌절은 큰 소리로 무섭게 짖어대는 개의 모습이었다. 하지만 개가 있든지 없든지 상관없이 그들은 문 안으로 들어갈 수 있었다. 여기서 개는 구원을 놓고 기도하는 사람들에게 사탄이 주는 낙심을 상징한다.[48] 한편, 그들과 동행한 자비라는 여성은 주님께서 문을 열어 그녀를 환영하실 때까지 밖에서 더 오랫동안 두드렸다(기도했다).[49]

순례 여정에서 크리스티나, 믿음과 자비는 각기 다른 경험을 한다. 이들의 차이점을 통해서 번연은 하나님께서 사람들을 회심의 길로 인도하실 때 각기 다른 방법을 사용하신다는 그의 믿음을 나타냈다. 이들 모두가 죄에 대한 확신이나 하나님의 심판, 구원의 필요성 등을 알았지만, 각 사람마다 경험하는 정도나 기간은 달랐다. 번연의 이야기는 우리가 회심에 이르는 특정한 양식을 획일화하고, 또 그것으로 누군가의 경험을 판단할 수 없음을 가르쳐준다. 같은 맥락으로 청교도 토마스 후커Thomas Hooker(1586-1647)는 "모든 사람이 입

---

48. Bunyan, *The Pilgrim's Progress* ··· *The Second Part*, 22; *Works*, 3:179을 보라.
49. Bunyan, *The Pilgrim's Progress* ··· *The Second Part*, 24-25; *Works*, 3:179-80을 보라. 『천로역정』에 등장하는 인물들의 pre-conversion에 대한 더 자세한 분석은 Beeke와 Smalley의 *Prepared by Grace, for Grace*, 191~200쪽을 참고하라.

은 죄의 상처는 같지 않다."라고 말하였다. 하나님께서는 어떤 사람은 연필 깎는 칼로 조심스럽게 다루시지만, 어떤 사람은 검으로 찌르신다.[50]

인도하시는 길은 사람마다 다를지라도 하나님께서는 일반적으로 죄인들이 그리스도를 구세주로 영접하기 전에 먼저 구원자의 필요성을 깨닫게 하신다. 당신은 그와 같은 경험이 있는가? 성령 하나님께서 당신에게 죄에 대한 괴로움을 맛보게 하였나? 만약에 그러한 경험이 없다면, 예수 그리스도께서 당신을 죄와 사망의 형벌에서 구원해 주셨음을 기대하기 어려울 것이다. 우리는 여러분에게 다음과 같이 촉구한다. 의에 대한 갈망 없이 그저 그리스도를 믿는 겉치레 신앙에 만족하지 마십시오. 하나님께 하나님이 누구이신지 당신에게 보여 달라고, 진정한 자신을 보게 해달라고 기도하십시오. 그리고 자신을 성찰하게 하는 하나님의 말씀을 선포하는 설교에 당신을 드러내십시오.

---

50. Thomas Hooker, *The Soules Preparation for Christ* (The Netherlands: n.p., 1638), 155.

두려움이 선에서 악으로 변할 때

번연은 지옥 형벌에 대한 두려움이 주는 유익의 핵심은 하나님 자녀들이 아버지께로 나아가도록 하는 "씨앗"이며, 이 씨앗은 경건한 두려움을 통해 지속적으로 성장한다고 믿었다. 또한 이 씨앗은 하나님의 위엄과 거룩하심에 민감하게 반응하는 겸손한 감각이라고도 할 수 있다. 하지만 사람이 한번 성령 하나님을 통하여 복음 안에서 살아있는 믿음으로 그리스도를 영접하면, 지옥 형벌과 하나님의 진노에 대해 두려워하는 것은 더 이상 선하지도 경건하지도 않다. 왜냐하면 하나님의 언약 안에서 믿음으로 그리스도께 나아온 사람은 죄를 용서받아 "결코 정죄함이 없는" 상태에 놓이게 되고(롬 8:1), "그리스도를 통하여 하나님을 나의 아버지라" 부를 수 있게 하는 "은혜 언약에 속하여"지기 때문이다. 미쁘신 하나님께서는 스스로 하신 말씀을 거스르지 않으시며(고후 2:17-20 참고), 오늘 하나님의 자녀를 내일 지옥의 자녀가 되도록 내버려 두지도 않으신다.[51]

그렇다면 왜 그리스도인들은 그리스도를 믿게 된 이후에

---

51. Bunyan, *A Treatise of the Fear of God*, 54-57; *Works*, 1:450을 보라.

도 때때로 지옥 형벌에 대한 두려움을 느끼는가? 신자들은 양자의 영을 누릴 수도 있음에도 불구하고 다시 이전의 속박 상태로 돌아가는 것을 경험하는 이유는 무엇인가? 번연은 이러한 그리스도인들에게 찾아오는 경험을 부인하지는 않았지만, "경험이 무엇이든 간에 하나님의 말씀이 사실이 되게 하라"고 권면한다.[52] 번연이 확신을 가지고 권면할 수 있었던 이유는 하나님께서 하신 약속이 "하나님의 영원한 은혜 언약 안에서 변하지 않는 하나님의 목적과 보혈이 확증하고 있는 그리스도의 순종의 유효성"에 기초하고 있으며, 하나님께서는 그의 백성의 죄를 다시는 기억하지 않으시기 때문이다(히 8:10-12 참고).[53] 번연은 그리스도 안에서 신자들의 연합과 그리스도의 의의 전가가 이를 담보한다고 말하며, 다음과 같이 외쳤다. "나는 그리스도와 연합했습니다. 나는 죄로 말미암아 내 두 다리로나 행위로는 더 이상 설 수 없습니다. 하지만 그리스도의 영화로운 의로 말미암아 하나님 아버지 앞에 설 수 있습니다. 하나님께서는 그리스도의 살과 그리스도의 뼈인

---

52. Bunyan, *A Treatise of the Fear of God*, 58; *Works*, 1:450을 보라.
53. Bunyan, *A Treatise of the Fear of God*, 60-61 [불규칙한 페이지 번호, E6v-E7r]; *Works*, 1:451을 보라.

그의 몸 된 지체를 결코 버리시지 않을 것입니다."⁵⁴

우리가 지옥형벌에 대한 두려움으로부터 자유할 수 있는 것은 전적으로 진실로 회심한 사람이 하나님의 구원 은혜로부터 절대 낙오하지 않는다는 교리에 달려있다. 번연은 성도의 견인과 보호에 대해 청교도의 입장을 취하였다. 이와 관련하여 웨스트민스터 대요리문답Westminster Larger Catechism(1647)은 다음과 같이 명시하고 있다.

> 변치 않는 하나님의 사랑(렘 31:3), 궁극적으로 구원을 주시려는 하나님의 예정과 언약(딤후 2:19; 히 13:20-21; 삼하 23:5), 그리스도와 나누어지지 않는 연합(고전 1:8-9), 그리스도의 끊임없는 중보(히 7:25; 눅 22:32), 신자들 안에 거하시는 하나님의 영과 씨(요일 3:9; 2:27)로 인하여 신자들은 은혜의 상태로부터 전적으로나 최종적으로 벗어날 수가 없으며(렘 32:40; 요 10:28), 믿음을 통하여 구원에 이르기까지 하나님의 능력으로 보호받는다.⁵⁵

---

54. Bunyan, *A Treatise of the Fear of God*, 61 [불규칙한 페이지 번호, E7r]; *Works*, 1:451을 보라.
55. 웨스트민스터 대요리문답 (Q. 79), in *Reformed Confessions of the Sixteenth and Seventeenth centuries in English Translation*, vol. 4, 1600-1693, ed. James T. Dennison Jr. (Grand Rapids: Reformation Heritage Books, 2014), 4:315.

존 오웬은 *The Doctrine of the Saints' Perseverance Explained and Confirmed*(1654)를 통하여 이와 유사한 주장을 하였다.[56]

성령 하나님은 그리스도 안에서 믿는 자들을 지옥형벌에 대한 두려움에 빠지게 하지 않으신다. 이 주제에 대한 전형적인 본문인 로마서 8:15은 성령 하나님의 역사에서 되돌릴 수 없는 질서를 분명히 제시한다. "너희는 다시 무서워하는 종의 영을 받지 아니하고 양자의 영을 받았으므로 우리가 아빠 아버지라고 부르짖느니라." 번연은 앞에서 이미 언급한 종류의 속박은 성령 하나님으로부터가 아니라 "사탄의 영"으로부터 나온 것이라 말했다. 사탄은 언제나 질서를 깨뜨리며 역사한다. 그들은 죄의 종으로 살아가는 사람들에게 하나님의 자녀들이라 여기도록 속인다. 또한 하나님의 자녀들에게는 그들이 노예라고 믿게끔 하는데, 사탄은 거짓말쟁이이기 때문이다(요 8:44 참고).[57] 신자가 죄를 지으면, 그의 마음은 곤란해지고, 아버지께서는 그를 훈계하실 것이지만, "한번 양자의 영

---

56. John Owen, *The Doctrine of the Saints' Perseverance Explained and Confirmed*, in *The Works of John Owen*, ed. William H. Goold (1850-1853; repr., Edinburgh, UK: Banner of Truth, 1965), vol. 11.

57. Bunyan, *A Treatise of the Fear of God*, 61-60 [불규칙한 페이지 번호, E7v-E8r]; *Works*, 1:451-52을 보라.

을 받은 이들에게는 죄가 더 이상 아버지와 아들의 관계를 깨뜨릴 수는 없다"(시 89:30; 사 63:16-17; 갈 4:4-7).**58** 하나님께서 베풀어 주시는 양자됨의 축복은 영원하다.

동시에 번연은 다음과 같이 경고했다. "한번 그리스도 안에 거하게 되면, 항상 거한다고 해서 그 누구도 방탕한 인생을 살아서는 안 됩니다." 하지만 번연의 경고를 무시하고 방탕한 인생을 살아가는 사람은 결국 양자의 영을 받지 않은 사람이며, 하나님의 자녀도 아니고, 사탄의 권세 아래 놓여 있다는 것을 증명하고 있는 셈이다.**59** 신자들이 영적 타락의 길로 빠지지 않기 위해 번연은 다음을 기억할 것을 권면한다. 하나님께서는 자녀의 양자됨을 결코 무효화시키지 않으시지만, 영적인 안위를 거두어 버리시고 가혹하게 징계하실 수 있다. 번연은 하나님께서 신자에게 고통을 허락하실 수 있다는 사실을 알리며, "하나님께서 당신을 사슬로 묶어 지하 감옥에 던져버리실 수 있습니다."라고 말했다. 이러한 경고는 『천로역정』을 떠오르게 한다. 하나님께서는 "용사같이 내게 달려드시고 목을 잡아 부서뜨리실 수 있는 분이시다."(욥 16:14 참

---

58. Bunyan, *A Treatise of the Fear of God*, 69-70; *Works*, 1:453을 보라.
59. Bunyan, *A Treatise of the Fear of God*, 73; *Works*, 1:454을 보라.

고)⁶⁰ 그러므로 그리스도인은 하나님을 거슬러 죄를 짓는 것을 두려워해야 한다. 하나님의 "아버지 같은 손길"조차도 권능으로 충만하시다. 그분은 그저 세상의 아버지가 아닌 생명과 죽음을 주관하시는 영광의 아버지이시기 때문이다.⁶¹

하지만 번연은 "노예가 폭군을 두려워하는 것처럼" 하나님의 자녀가 하나님을 두려워해서는 안 된다는 깊은 우려를 나타냈다. 그와 같은 두려움은 "죄에 맞서는 어떠한 힘도" 사람에게 줄 수 없다. 반면에 하나님께서 그리스도 안에서 우리의 아버지가 되어주실 것을 바라면, 하나님께서는 "우리를 아들로 삼으시고 돌보아주신다." 그래서 신자들이 하나님께 나아가 긍휼을 베풀어 주실 것을 구하는 기도를 드리며, 결국에 하나님의 징계가 선을 이룰 수 있기를 소망한다.⁶²

『천로역정』 2부에서 등장하는 "두려움 씨"Mr. Fearing의 모습을 통하여 그리스도인의 모습을 나타내고자 했다. 두려움 씨는 늘 노예처럼 두려움에 시달렸다. 심지어는 천국에 갈 수 있을지에 대해 걱정하기도 했다. 그가 낙심의 수렁Slough of Despond과 좁은 길로 들어가는 문에 들어섰을 때 여러 날 동

---

60. Bunyan, *A Treatise of the Fear of God*, 75, 78; *Works*, 1:454-55를 보라.
61. Bunyan, *A Treatise of the Fear of God*, 85; *Works*, 1:457을 보라.
62. Bunyan, *A Treatise of the Fear of God*, 83-84; *Works*, 1:456을 보라.

안 두려움으로 인해 나아가지 못하고 있었다. 실제로 번연은 어디를 갈 때면 마음 한켠에 늘 낙심의 수렁과 같은 두려움이 자리 잡고 있었다고 고백한 적이 있다. "두려움 씨"는 왔던 길을 돌아가지 않고, 두려움을 이겨내어 그대로 나아갔다. 그가 어려움의 언덕Hill of Difficult을 오를 때와 사자들을 마주했을 때는 오히려 다른 사람보다 담대했다. 그가 가졌던 두려움은 하나님의 심판에 관한 것이었지, 세상에 관한 것이 아니었기 때문이다. "두려움 씨"는 겸손의 골짜기Valley of Humiliation를 사랑했지만, 허영의 시장Vanity Fair에는 어떠한 흥미도 느끼지 못했을 뿐만 아니라 오히려 대단히 분노했다. 이러한 "두려움 씨"를 하나님께서는 특별히 온화하게 대하셨고, 인정을 베푸셨으며, 하나님의 사역자들도 인내를 가지고 그를 대했다. 그는 참으로 충성되고 열정적인 기독교인이었다. 자기를 부인했으며, 죄를 미워했다. 그리고 마침내 그의 순례를 무사히 마치고 천성으로 들어갔다. 하지만 그동안 겪었던 영적 침체는 그의 인생을 무겁게 짓눌렀을 뿐 아니라, 다른 사람들에게도 많은 어려움을 가져다주었다.[63]

번연이 주는 교훈은 오늘날의 그리스도인들에게도 매우

---

63. Bunyan, *The Pilgrim's Progress* … *The Second Part*, 130-39; *Works*, 3:212-15을 보라.

유익하다. 만약 당신이 예수 그리스도 안에서 참 신자라면, 그리고 당신 안에 불완전한 사랑과 불완전한 순종이 여전히 존재함에도 믿음이 삶에서 진실한 증거로 나타난다면, 당신은 결코 노예처럼 하나님에 대한 두려움에 빠져 고통 받지 않을 것이다. 예수 그리스도 안에서 당신의 아버지이신 하나님께서는 자녀를 노예처럼 두려워하게 하지 않으신다. 하나님께서 당신을 거룩하게 하시기 위해 훈련하신다 할지라도 당신은 언제나 자녀가 사랑하는 아버지를 바라보듯 그분을 바라보아야 한다. 하나님께서는 당신의 유익을 위해 훈련하지시만, 진노와 거절을 통하여 행하지 않으신다. 하나님을 기쁘시게 하지 못할까 두려워하되, 절대 그의 사랑에는 의심을 가지지 말라. 이것으로 두려움에 관한 내용은 끝나지 않는다. 이제 우리는 다음 장에서 아이 같은 두려움이라는 새로운 종류의 두려움을 맞이할 것이다.

5
두려움이 주는 은혜

두려움은 누군가가 그리스도인이 될 때도, 그리스도인으로 살아갈 때도 아주 중요한 역할을 한다. 번연이 천상의 도시로 가는 여정을 그린 『천로역정』에서 주인공 크리스천과 그의 친구 "소망"Hopeful은 "무지"Ignorance라는 이름의 사람을 만난다. 무지는 자신의 선행으로 하나님께서 그를 의롭다 여기시고, 그를 구원에 이르게 하실 거라 믿고 있었다. 이러한 망상에 빠진 사람과 헤어지고 난 후, 순례자 크리스천과 "소망"은 진정한 회심이란 무엇인가에 대해 이야기를 나누기 시작했다.

크리스천: 뭐, (제 생각에는) 그들도 때때로 [일종의 확신과 두려움을] 가질 수 있겠지요. 하지만 그들은 본성적으로 무지하기 때

문에 그런 확신이 유익을 줄 수 있다는 것을 깨닫지 못해요. 또 그렇기 때문에 간절히도 그 두려움을 억누르려고 노력합니다. 바로 스스로 자신의 마음에 아첨하기를 계속하는 거지요.

소망: 당신이 말한 것처럼 저도 그렇게 믿어요. 두려움은 사람에게 유익을 가져다주기도 하고, 순례의 여정을 시작할 때 올바른 방향으로 나아갈 수 있도록 도와주기도 합니다.

크리스천: 맞습니다. "여호와를 경외하는 것이 지식의 근본이라"(욥 28:28; 시 111:10; 잠 1:7; 9:10)라는 성경 말씀이 진실이라면, 그것을 의심할 여지도 없습니다.

소망: 당신은 올바른 두려움이 뭐라고 생각하십니까?

크리스천: 진정한, 혹은 올바른 두려움을 세 가지 측면으로 살펴볼 수 있습니다. 먼저는 1) 두려움이 생기는 원인으로 알 수 있습니다. 내가 죄로부터 구원을 얻었다는 확신에서 올바른 두려움이 생겨나지요. 2) 그리고 올바른 두려움은 구원을 얻기 위하여 그리스도를 붙잡도록 합니다. 3) 마지막으로 올바른 두려움은 하나님, 하나님의 말씀, 하나님의 경륜을 경외하도록 합니다.

또한 이 경외를 지속해서 불러일으키며, 마음을 언제나 부드럽게 합니다. 그뿐만이 아니라 하나님으로부터 돌아서거나, 좌로나 우로나 치우치거나, 하나님을 욕되게 하거나, 평화를 깨뜨리거나, 성령을 슬프게 하거나, 심지어 적이라 할지라도 그들을 화나게 하여 비난을 쏟아 내도록 돋구는 등의 행동을 일삼는 것을 두려워하게 합니다.[1]

이전 챕터에서 살펴본 바와 같이 건강하지 않고 죄악 된 두려움이 있는가 하면, 일정한 기간 죄인들을 그리스도로 인도하는 좋은 목적만을 이행하는 두려움도 있다. 하지만 번연은 "경외"Godly Fear라는 경건한 두려움이 있다고 말했다. 이 두려움은 신자의 삶의 모든 영역에서 "두려움의 은혜"가 된다.[2] 이 은혜는 말할 수 없을 정도로 귀하다. 이 은혜는 보석 중의 보석이요 "하나님의 보배이다. 하나님께서는 "여호와를 경외함이 네 보배니라."라고 말씀하셨듯이 말이다(사 33:6 참고).[3]

---

1. John Bunyan, *The Pilgrim's Progress from This World, to That Which Is to Come*, 3rd ed. (London: Nath. Ponder, 1679), 262-63; *Works*, 3:159을 보라.
2. John Bunyan, *A Treatise of the Fear of God* (London: N. Ponder, 1679), 86; *Works*, 1:457을 보라.
3. Bunyan, *A Treatise of the Fear of God*, 88; *Works*, 1:457을 보라.

번연은 누군가가 "성경은 '온전한 사랑은 두려움을 내쫓나니'(요일 4:18)라고 말하고 있다"는 것으로 반박할 것이라 예상했다. 그렇다면 그리스도를 믿고, 하나님의 자녀로 받아들여지고 난 후에도 어떻게 하나님에 대한 두려움을 갖는 것이 선할 수 있을까? 번연은 두려움에는 "여러 가지 종류가 있다"고 답했다. 사탄이나 저주받은 자들이 가지는 하나님을 향한 두려움이 있는가 하면, 성령 하나님께서 죄인들이 그리스도 안에서 구원을 추구하도록 마음을 불러일으키시는 두려움도 있는 것이다. 그리고 "은혜가 풍성하신 하나님에 대해 자녀로서son-like 느끼는 두려움"도 있다. 하나님의 사랑은 이러한 두려움을 내쫓지 않는다. 물론 하나님의 사랑은 "형벌"(요일 4:18)에 대한 두려움과 대적들을 향한 하나님의 진노에 대한 두려움을 사라지게 한다. 하지만 경외함은 사라지지 않는다. 경외함은 하나님의 축복을 기대하게 하며, 하나님의 자녀로 영원토록 남아 있게 한다.[4]

다른 무엇보다 두려움의 은혜는 하나님께서 보시기에 사람을 뛰어나게 하고, 아름답게 하며, 영화롭게 한다. 하나님께서는 욥기 1:8에서 사탄에게 말씀하셨다. "네가 내 종 욥을 주

---

4. Bunyan, *A Treatise of the Fear of God*, 158; *Works*, 1:473을 보라.

의하여 보았느냐 그와 같이 온전하고 정직하여 하나님을 경외하며 악에서 떠난 자는 세상에 없느니라." 번연은 여호와를 두려워하는 것이 우리가 거하는 모든 영역에서, 우리가 행하는 모든 면에서 맛을 내는데 필요한 "언약의 소금"(레 2:13)이라고 하였다.[5] 또한 "모든 은혜의 꽃이자 아름다움이다."[6]

그뿐만 아니라 여호와를 두려워하는 것은 "지식의 근본"이다(잠 1:7). 인간에게 허락하신 하나님의 첫 번째 계시가 두려움을 낳는다. 즉 영혼이 하나님과 그리스도를 받는 순간 이 두려움이 삶에 함께 들어오는 것이다. 여호와를 경외함은 "지혜의 근본"이다(시 111:10; 욥 28:28 참고). 인간이 여호와를 경외할 때 비로소 그를 "영적으로 진정 지혜롭다."라고 말할 수 있다. 경외는 죄로 말미암는 영적이고 영원한 파멸에서 벗어나게 하며, 영원한 생명을 얻게 하는 지혜이다.[7]

성경은 하나님에 대한 경외를 "생명의 샘"(잠 14:27)이라 말한다. 이 두려움은 사람이 거룩한 생각을 하고 옳은 일을 하도록 "영혼에 지속해서 공급한다." 하나님을 경외함으로 말미암은 모든 몸짓은 영적이며 영원한 행복을 만들어 내는

---

5. Bunyan, *A Treatise of the Fear of God*, 89-90; *Works*, 1:457-58을 보라.

6. Bunyan, *A Treatise of the Fear of God*, 160; *Works*, 1:474을 보라.

7. Bunyan, *A Treatise of the Fear of God*, 91-92; *Works*, 1:458을 보라.

것으로 향한다. 자연적으로 물이 닿으면 젖는 것이 자연스럽고, 태양을 보면 눈이 부신 것이 자연스러운 것처럼 말이다(잠 19:23 참고).[8]

사람은 어떻게 이렇게 귀중한 두려움을 얻을 수 있을까? 이 두려움은 어디서 오는가?

두려움, 구원하시는 하나님의 은혜의 선물

번연은 경외가 사람이 스스로 찾거나, 스스로 활활 타오르게 할 수 없는 것이라 믿었다. 또한 본성과 은혜를 어거스틴주의와 개혁주의 관점에서 이해하였다. 이 관점에 따르면 하나님에 대한 어린아이와 같은 두려움은 그리스도를 통하여 하나님께서 죄인들에게 허락하시는 은혜일 수밖에 없다. 번연은 다음과 같이 썼다. "단 한 사람도 이 은혜를 스스로 세상에 가져다줄 수 없습니다. 왜냐하면 인간은 본성적으로 이 은혜가 결핍된 상태이기 때문입니다. … 따라서 인간은 내적인 마음과 삶에서, 전적인 변화를 경험하지 않으면 하나님에 대한 두

---

8. Bunyan, *A Treatise of the Fear of God*, 94-95; *Works*, 1:459을 보라.

려움이 없는 이방인일 뿐입니다." 번연은 이어서 타락한 인류에 대한 전반적인 성경의 평가를 말하면서 로마서 3:18을 인용하였다. "그들의 눈앞에 하나님을 두려워함이 없느니라 함과 같으니라."[9]

회심하지 않는 이들도 수많은 두려움을 가지고 살아간다. 하지만 그들은 경외함을 가지고 하나님을 두려워하지 않는다. 지옥형벌에 대한 두려움을 갖도록 하는 것조차도 성령 하나님의 강력한 역사가 요구된다. 하물며 하나님을 기쁘시게 하는 어린아이와 같은 갈망은 오죽하겠는가? 번연은 다음과 같이 기록하였다.

> 사람에게는 두려움이 있습니다. 호의를 잃을까 두렵고, 사랑을 잃을까 두려우며, 선행, 도움, 우정을 잃을까 두렵습니다. 두려움은 어디에나 있습니다. 가난한 이들은 어떻게 부자를 두려워합니까? 약한 자들은 어떻게 강한 자를 두려워하며, 협박당하는 이들은 협박하는 이들을 어떻게 두려워합니까? 그런데 세상에는 하나님을 두려워하는 이가 없습니다. 아무도 그를 경외하지 않습니다. 하나님께서 불쾌함을 나타내 보이실 때도 그분을 두

---

9. Bunyan, *A Treatise of the Fear of God*, 160; *Works*, 1:474을 보라.

려워하지 않습니다. 하나님께 은혜를 구하지도 않습니다. 인간의 죄를 향하여 징계의 손을 드실 때조차도 어떻게 하면 그것을 피할 수 있을까 묻는 이들이 없습니다.[10]

경외는 오직 하나님께로부터 나온다. 번연은 경외가 "택하신 이에게 베푸시는 하나님의 구별되는 사랑에서 흘러온다."라고 말했다. 즉 "하나님의 영원토록 변하지 않는 언약 안에 있는 이들"에게만 임한다는 말이다. 번연은 "구별되는 사랑"으로 말미암아 하나님께서는 주권적으로 그가 택하신 죄인들에게 허락하시는 하나님의 특별한 사랑을 언급하며, 예레미야 32:40을 인용했다. "여호와께서 이와 같이 말씀하시니라 내가 이 백성에게 이 큰 재앙을 내린 것 같이 허락한 모든 복을 그들에게 내리리라."[11]

번연은 하나님의 통치와 언약의 은혜를 선포하는 설교자였다(롬 6:14 참고). 은혜란 "그리스도 안에서 죄인들에게 새 언약의 능력으로 말미암아 죄의 권세와 옛 언약의 정죄하고 저주하는 권세로부터 구원하시는 하나님의 주권적인 사랑"을

---

10. John Bunyan, *The Acceptable Sacrifice: Or the Excellency of a Broken Heart* (London: George Larkin, 1689), 118-19; *Works*, 1:705을 보라.

11. Bunyan, *A Treatise of the Fear of God*, 97; *Works*, 1:459을 보라.

의미한다.¹² 하나님의 은혜는 "값없이 주시는 것이며, 변치 않는다." 왜냐하면 이 은혜는 성부 하나님과 성자 하나님 사이의 영원한 언약에 기초하고 있기 때문이다(시 89:3; 사 49:1-12; 슥 9:9-11 참고). 히브리 족장들과 그 자손에게 계시된 언약은 구체적으로 한 사람, 예수 그리스도를 가리킨다(갈 3:16-17 참고). 아담과 같은 죄로 타락한 미천한 피조물이 아닌, "하나님과 동일하게 흠이 없으시고, 무한하시며, 전능하시고 영존하신" 예수 그리스도는 "영원하신 하나님의 말씀"이시다(사 9:6; 히 1장 참고). 성육신하신 그리스도만이 홀로 언약의 조건을 충족시키신다. 한 사람의 순종으로 말미암아 성취된 것이다(롬 5:15-19 참고).¹³ "하나님께서는 그리스도가 백성들의 언약이 될 것이라고 말씀하셨습니다. 즉 그리스도께서 하나님께 나아가는 우리의 전제조건이 되셨다는 말입니다."¹⁴ 왜냐하면 은혜 언약은 오직 그리스도에 의해서 성취되는데, 그리스도께서 중보자의 위치에서 언약의 조건을 완수하시고 이에 대

---

12. John Bunyan, *The Doctrine of the Law and Grace Unfolded* (London: M. Wright, 1659), 122; *Works*, 1:494을 보라.

13. Bunyan, *Doctrine of the Law and Grace Unfolded*, 130-33; *Works*, 1:522-23을 보라.

14. John Bunyan, *Justification by an Imputed Righteousness. Or, No Way to Heaven but by Jesus Christ*, in *Works* (1692), 99; *Works*, 1:327을 보라. 원문에는 "toward God"(하나님께 나아가는) 대신에 "God-ward"로 되어있다.

한 모든 책임의 짐을 지시기 때문이다.¹⁵ 이 언약은 역사상 구원받은 모든 사람을 아우른다. 또한 다가올 새 언약(렘 31:31-34; 히 8:8-10 참고)은 은혜 언약의 외적인 실행의 변화로, 그리스도를 예표하는 의식의 폐지(히 7-10장 참고)와 그리스도와 하나님의 영원한 언약의 계시가 훨씬 더 명확해지는 결과를 가져왔다(딤후 1:9-10).¹⁶

성부 하나님과 성자 하나님의 이러한 영원한 언약에 대한 이해는 초기 스위스 바젤Basel의 종교 개혁자인 요하네스 외콜람파디우스Johannes Oecolampadius(1482-1531)의 글에서 발견된 개혁 신학의 뿌리로 거슬러 올라갈 수 있다.¹⁷ 그리스도 안에서 하나의 언약이라는 관점에서 번연의 입장은 『현대신학의 정수』*The Marrow of Modern Divinity*(1645)와 "매로맨

---

15. Bunyan, *Doctrine of the Law and Grace Unfolded, 137; John Bunyan, Exposition on the Ten First Chapters of Genesis, and Part of the Eleventh*, in *Works* (1692), 67 (on Gen. 9:16); *Works*, 1:522; 2:492을 보라. 하지만 번연은 때에 따라 "그리스도 안에서 하나님께서 택자들에게 이루시는 은혜 언약"이라고도 불렀다 (*The Saints' Privilege and Profit*, in *Works* [1692], 260; *Works*, 1:648을 보라).

16. Bunyan, *Doctrine of the Law and Grace Unfolded*, 138-40; *Works*, 1:523-24을 보라.

17. Johannes Oecolampadius, *In Iesaiam Prophetam Hypomnematon* (Basle, 1525), 268b, Joel R. Beeke and Mark Jones, *A Puritan Theology: Doctrine for Life* (Grand Rapids: Reformation Heritage Books, 2012), 239에서 발췌.

Marrowmen"이라 불리는 18세기 스코틀랜드의 개혁자들에 비견되었다.[18] 다른 신학자들은 구속 언약(성부 하나님과 성자 하나님 사이)과 은혜 언약(하나님과 인간 사이)을 구분했다.[19] 하지만 삼위일체 하나님의 세 위격 사이에서 맺은 영원한 언약에 대한 견해는 청교도 내에서 널리 이해되고 있었다. 윌리엄 에임스 William Ames는 예수 그리스도께서 자신을 속건 제물로 드림으로 하나님께서 "씨"와 권속을 얻을 것이라는 "특별 언약"에 따라 성부 하나님께서는 "그의 독생자를 구원자의 직분에 놓으셨다"라고 말했다(사 53:10).[20] 번연과 같은 청교도들은 이사야 49장을 일반적으로 구원의 서정에 관한 성부 하나님과 성자 하나님의 "언약적 대화"로 보았다. 이러한 교리가 가지는 한 가지 중요한 의미는 성부 하나님께서 특정 백성을 그리

---

18. Richard L. Greaves, *John Bunyan*, Courtenay Studies in Reformation Theology 2 (Grand Rapids: Eerdmans, 1969), 104; Peter de Vries, *John Bunyan on the Order of Salvation*, trans. C. van Haaften (New York: Peter Lang, 1994), 105. Edward Fisher, *The Marrow of Modern Divinity* (London: by R. W. for G. Calvert, 1645), 36-37을 보라. 현대판으로는 Edward Fisher, *The Marrow of Modern Divinity*, ed. Thomas Boston (Ross-shire, UK: Christian Focus Publications, 2009), 64-65을 보라.

19. De Vries, *John Bunyan on the Order of Salvation*, 102-5.

20. William Ames, *The Marrow of Sacred Divinity*, 1.19.4-5, in *The Workes of the Reverend and Faithfull Minister of Christ William Ames* (London: John Rothwell, 1643). 74 [매겨진 페이지가 일정하지 않음, 몇몇 지점에서 페이지가 다시 시작].

스도에게 주셔서 그들을 구원하시고자 했다는 것이고, 성자 하나님께서는 반드시 그들의 구원을 이루시며, 그들에게 영광으로 인도하신다는 것이다.[21]

번연은 구원이 전적으로 그리스도 안에서 하나님의 주권적 의지로부터 온다고 믿었다. 죄인들은 믿음으로 구원을 얻으며, 하나님께서는 "태초부터 영광을 받기로 예비 된" 자 외에는 누구에게도 그 믿음을 허락하지 않으신다(행 13:48; 롬 9:23 참고).[22] 번연은 하나님께서 "세상이 시작되기 전"에 다음과 같이 작정하셨다고 말했다.

- 그리스도께서 지불하실 언약의 대가는 "그의 보배로운 피"가 될 것이다(벧전 1:19-20 참고).
- 그리스도께서 이 언약으로 "영원한 생명"을 취하시게 될 것이다(딛 1:2 참고).
- 하나님께서는 창세 전부터 그리스도 안에서 이 언약을 통하여 구원받을 이들을 택하셨다(엡 1:4 참고).[23]

---

21. Beeke and Jones, *A Puritan Theology*, 246.
22. John Bunyan, *A Confession of My Faith, and A Reason of My Practice* (London: Francis Smith, 1672), 23-24; *Works*, 2:598을 보라.
23. Bunyan, *Doctrine of the Law and Grace Unfolded*, 134-35; see *Works*, 1:522을 보라.

하나님께서는 "변치 않는 의지와 값없이 주시는 영원한 은혜"로 말미암아 구원할 자를 택하신다(롬 11:5-6; 고후 2:19; 엡 1:11 참고). 이는 "세상의 기초가 세워지기 전에" 만들어진 "법리"이다(엡 1:4). 하나님께서는 우리에게 예견된 어떤 선한 것을 근거로 택하시지 않는다. 하나님의 택하심은 누구를 택하신다는 것과 택함 받은 자들에게 구원에 필요한 모든 것을 주시겠다고 결정하는 것이다. 따라서 택하심은 하나님의 새창조이다(딤후 1:9; 엡 2:10 참고). 또한 택하심은 전적으로 그리스도 안에서, 그리스도를 통하며(엡 1:5-7 참고), 우리가 구원받기 위해서는 반드시 그리스도를 믿는 믿음을 가져야 한다(살후 2:13 참고).[24]

주님은 창세 전부터 택하셨고, 그리스도의 피로 구속하셨으며, 성령으로 새롭게 되는 백성들이 거할 거룩한 곳을 예비하셨다. 번연은 하나님의 집인 교회를 기념하며 다음과 같이 시적으로 기록하였다.

건축자이신 하나님, 그가 택하신 자들로 자재 삼아
반석이신 아들 예수로, 견고한 터를 잡고

---

24. Bunyan, *A Confession of My Faith*, 25-30; *Works*, 2:598-99을 보라.

그 말씀은 축과 기둥이 되어 집을 다스리니

하나님의 집은 온전하여 무너질 일 없네

....

성령의 도움으로 영역과 법을 세워

그가 틀을 잡은 집은 (유산으로 남긴다는 의미)

거룩한 성전, 지극히 높은 곳에 뛰어나니

바로 그곳에, 천사들이 거하게 되었네[25]

번연의 선택교리가 독특하다고 할 수는 있지만 영국의 경험적 개혁주의의 전통을 따르고 있음이 분명하다. 윌리엄 퍼킨스William Perkins는 그의 저서 『황금 사슬』*Golden Chain*에서 번연에게 구원에 관한 지도의 기초를 제공했는데, 그는 번연과 비슷한 선택교리를 따르고 있었다. "택하심은 하나님의 법입니다. 하나님께서는 자유 의지로 어떤 이를 구원하고, 어떤 이를 하나님의 은혜의 영광에 찬양하도록 할지 정하셨습니다."(엡 1:4-5 참고) 예수 그리스도께서는 이 법을 시행할 수 있도록 "근거"가 되십니다. "예수 그리스도께서는 중보자의 직

---

25. John Bunyan, *A Discourse of the Building, Nature, Excellency, and Government of the House of God* (London: George Larkin, 1688), Bir-Blv; see *Works*, 2:578.

분을 감당하시기 위해 하나님 아버지로부터 영원 전부터 부르심을 받았습니다."[26]

아버지와 아들의 이 영원한 목적은 개인의 삶에서 성령의 역사로 말미암아 열매를 맺게 된다. 번연은 하나님을 두려워하는 것을 은혜라 불렀다. 왜냐하면 이 두려움은 "하나님께서 택하신 자들에게 내주하시는 은혜의 성령의 달콤하고 복된 역사이기 때문이다."[27] 그는 히브리서 12:28을 인용하였다. "그러므로 우리가 흔들리지 않는 나라를 받았은즉 은혜를 받자 이로 말미암아 경건함과 두려움으로 하나님을 기쁘시게 섬길지니."[28] 양자의 영은 "여호와를 경외하는 영"(사 11:2)이라 불렸는데, 그가 하늘에 계신 아버지를 향한 아들의 두려움의 "저자이시자 제작자이시자 지지자"이시기 때문이다.[29] 양자의 영은 예수 그리스도께 부어 졌는데, 이로써 그리스도께

---

26. William Perkins, *A Golden Chaine, Or The Description of Theologie, Containing the Order of the Causes of Salvation and Damnation. According to God's Word* (London: John Legate, 1597), 34-35 [ch. 15].

27. Bunyan, *A Treatise of the Fear of God*, 87; *Works*, 1:457을 보라.

28. 흠정역(KJV)의 "은혜를 소유하자" 대신에 다른 번역본은 "감사를 드립시다"(ESV), 혹은 "감사하자"(NIV)로 번역되었다. 헬라어 원어는 "*echōmen charin*"으로 되어있는데, 이 표현은 어느 쪽으로든 번역이 가능하다(눅 17:2; 고후 1:15 참고). 번연은 헬라어를 읽지 않았고, 그가 접할 수 있는 영어 번역 성경에만 의존했다.

29. Bunyan, *A Treatise of the Fear of God*, 87-88; *Works*, 1:457을 보라.

서 그의 언약 자손과 교회와 양자의 영을 공유할 수 있게 되었다(사 59:20-21; 행 2:32-33 참고).**30** 결과적으로 양자의 영으로 말미암은 경외는 예수 그리스도를 통한 "복음의 은혜의 만찬"이며, 아버지의 마음으로부터 흘러나오는 "영원한 사랑의 열매"이다. "이것은 오직 택함 받은 자, 상속자, 약속의 자녀들에게만 주어지는 것이기에 다른 이들은 가질 수 없다."**31**

여호와에 대한 두려움은 그리스도 안에서 새 창조의 일부이다. 못된 나무에서는 못된 열매 말고는 기대할 수 없듯이 이 두려움은 타락한 인간의 부패한 마음으로부터는 나올 수 없다(눅 6:43-45 참고). 이어서 번연은 "이 두려움은 새 마음으로부터 흘러나온다."라고 말했다. 그리고 새 언약은 "영원한 언약과 하나님의 구별된 사랑의 또 다른 열매이자 결과"이다. 번연은 그의 주장을 뒷받침할 수 있는 근거를 예전에 인용했었던 약속에 관한 예레미야의 말씀 바로 전 구절에서 찾았다. "내가 그들에게 한마음과 한 길을 주어 자기들과 자기 후손의 복을 위하여 항상 나를 경외하게 하고"(렘 32:39; 겔

---

30. John Bunyan, *Light for Them that Sit in Darkness: Or, A Discourse of Jesus Christ* (London: Francis Smith, 1675), 117; *Works*, 1:420-21을 보라.
31. Bunyan, *A Treatise of the Fear of God*, 88-89; *Works*, 1:457을 보라.

11:19; 36:26 참고).[32]

종의 영은 아직 구원을 얻지 못한 자들 안에서 두려움을 낳는 까닭에, 다른 종류의 두려움이라 할 수 있다. 성령 하나님께서 양심에 조명하심으로 갖게 되는 죄에 대한 확신은 불신자들을 겸손하게 하고, 어쩌면 그들의 믿음과 행위를 변화시키기도 한다. 하지만 회심은 여기서 더 깊이 들어간다. 회심은 "그들을 복음의 은혜에 복종하도록" 의지와 감정에 역사하는 하나님의 권능이다.[33] 두려움이 주는 구원하시는 은혜는 단순히 마음에 임한 감정이 아니라 마음의 변혁인 것이다.

하나님에 대한 두려움 속에서 마음이 상한 자를 하나님께서는 긍휼로 바라보신다. 시편 51:17은 다음과 같이 말한다. "하나님께서 구하시는 제사는 상한 심령이라 하나님이여 상하고 통회하는 마음을 주께서 멸시하지 아니하시리이다." 하지만 번연은 마음이 상하여지기에 사람이 너무 거만하고, 완악하며, 미련하다고 말했다. 상한 마음은 하나님께서 직접 주시는 제물이다.[34] 그렇기 때문에 하나님께서 행하셔야만 한다.

---

32. Bunyan, *A Treatise of the Fear of God*, 98–99; *Works*, 1:459-60을 보라.

33. John Bunyan, *A Holy Life, The Beauty of Christianity* (London: by B. W. for Benj. Alsop, 1684), 52, 54; *Works*, 2:521을 보라.

34. Bunyan, *The Acceptable Sacrifice*, 146; *Works*, 1:707을 보라.

어떤 사람에게 어린아이와 같은 하나님에 대한 두려움이 있다는 것은 그 사람이 하나님의 자녀라는 것을 뜻한다. 어디든지 여호와에 대한 두려움이 있는 곳에는 영적 삶이 있다. 번연은 같은 맥락에서 다음과 같이 말했다. "이러한 여호와에 대한 두려움은 마치 우리 영혼의 맥박과 같습니다. … 그 맥박이 뛰는 한 우리는 그 사람이 살아있다고 말합니다."[35] 만약에 어떤 사람이 하나님을 두려워하기를 무척이나 갈망한다면, 이는 구원하시는 하나님의 은혜의 표징(느 1:11 참고)이라고까지 말했다. 하나님에 대한 경외를 단순히 갈망하는 것 자체는 높은 차원의 은혜라 할 수 없다. 그럼에도 불구하고 하나님의 구원하시는 은혜임은 분명하다.[36] 여기서도 번연은 퍼킨스가 정립한 신학의 발자취를 따라갔다는 것을 다시 한 번 확인할 수 있다. 퍼킨스는 믿음은 "사람이 고기와 음료에 굶주리고 목마른 것처럼, 그리스도 예수 안에서 베풀어주시는 은혜에 굶주리고 목마르다는 것으로 시작한다."라고 가르쳤다.[37] 이어서 그리스도를 향한, 그리고 하나님과 화목하고자

---

35. Bunyan, *A Treatise of the Fear of God*, 226; *Works*, 1:488을 보라.

36. Bunyan, *A Treatise of the Fear of God*, 227–28; *Works*, 1:488을 보라.

37. Perkins, *A Golden Chaine*, 142 [ch. 36]. 그는 이러한 갈망을 그의 저서에서 분명하게 믿음의 시작이라고 정의하였다. William Perkins, *The Whole Treatise of the Cases of Conscience* (London: John Legat, 1606), 61 (1.5.3).

하는 이러한 열망을 "연약한 믿음"이지만, 그럼에도 불구하고 "구원하는 참된 믿음"이라고 불렀다.[38]

하나님께서 이러한 두려움을 사람의 마음에 심기우시는 위대한 방법은 하나님의 말씀이다(신 6:1-2; 31:12 참고). 여호와를 두려워하는 사람은 하나님의 말씀의 본을 "마음으로" 순종하는 사람이다(롬 6:17). "어떤 이가 그의 영혼에 좋은 말씀의 교리를 받아들이면, 그는 하나님을 두려워하게 된다." 또한 그는 말씀 배우기를 간절히 원하며, 그 말씀에 대해 경외심을 가지게 된다. 하지만 하나님 말씀의 가르침을 경홀히 여기는 사람은 "하나님을 두려워하지 않는다." 경외심은 "믿음에서 흘러나오며," 경건한 사람들은 하나님의 말씀을 믿는 믿음으로 말미암아 하나님의 심판을 두려워하여 피하기를 소망하며, 하나님의 의로우심을 바라게 된다(히 11:7 참고). 이처럼 믿음과 두려움은 "사슬의 고리" 같이 서로 얽혀 있다.[39]

성령의 역사로 말미암는 믿음은 말씀 안에서 하나님에 대한 경건한 두려움인 경외를 어떻게 불러일으키는가? 우리가 전에 살펴보았듯이, 번연은 하나님께서 죄인들을 새롭게 하

---

38. William Perkins, *An Exposition of the Symbole or Creed of the Apostles* (London: John Legat, 1595), 12.

39. Bunyan, *A Treatise of the Fear of God*, 100-101; *Works*, 1:460을 보라.

실 때, 그들의 삶에 영적 감각을 허락하셨다고 가르쳤다. 이 영적 감각은 새로운 빛 가운데서 하나님과 자신을, 그리고 만물을 바라보는 능력이다.[40] 이제 이러한 영적 감각을 얻은 영혼은 하나님에 대한 지식, 즉 마음의 모든 은밀한 동기와 생각을 아는 지식에 대한 복된 확신을 가지며, 이 확신은 하나님에 대한 두려움을 불러일으킨다(왕상 8:39-40 참고). "각 사람의 행위대로 심판하시는 하나님의 공의로우심에 대한 감각도 마찬가지로 거룩한 두려움을 불러일으킨다(벧전 1:17)."[41]

믿음은 하나님 앞에서 죄성에 대한 감각을 가지고 영혼을 꿰뚫으며, 경건한 애통과 회개, 그리고 두려움을 낳는다(고후 7:10-11). 또한 믿음은 "하나님의 인자와 사랑에 대한 감각"도 가지고 있는데, 이는 "예수 그리스도로 말미암는 하나님의 자비"이다. 그리스도 안에서 하나님의 은혜의 감각 없이는 어린아이와 같이 하나님을 두려워할 수 없다. 오직 고통에 대한 끔찍한 두려움이나 종의 영으로 "진노와 절망"을 느낄 뿐이다. 번연은 이와 관련한 전형적인 본문인 시편 130:3-4을 인

---

40. Bunyan, *The Acceptable Sacrifice*, 50-66; John Bunyan, *Christian Behaviour; Being the Fruits of True Christianity*, 3rd ed. (London: F. Smith, (1690]), 19-20; *Works* 1:696-98; 2:552을 보라. 본 책 3장의 논의도 참고하라.

41. Bunyan, *A Treatise of the Fear of God*, 106-7; *Works*, 1:461-62을 보라.

용하였다.

> 여호와여 주께서 죄악을 지켜보실진대 주여 누가 서리이까
> 그러나 사유하심이 주께 있음은 주를 경외하게 하심이니이다

하나님의 자비 안에서의 소망보다 주를 경외하도록 마음을 더욱 강력하게 붙드는 것은 없다. 하나님의 은혜에 대한 감각은 "참된 마음의 온유tenderness와 참된 영혼의 경건한 부드러움softness, 그리고 진정으로 하나님을 사모하는 마음을 갖게 한다." 이것이 어린아이와 같은 두려움의 "본질"이다.[42] 그러므로 경건한 두려움은 죄인들을 향한 하나님의 구원하는 사랑을 느끼는 감각에서 솟아나며, 하나님에 대한 사랑과 어우러져 있는 한 이 두려움은 경건하게 유지될 것이다. 또한 어린아이와 같은 두려움은 하나님의 영광에 대한 신자의 "온유한 사랑"을 나타낸다. 특별히 하나님의 말씀, 예배, 그리고 하나님을 향해 찬양을 올려 드릴 때 더욱 그렇다.[43] "하나님을 사랑함으로부터 흘러나오지 않는" 두려움은 하나님의 힘에

---

42. Bunyan, *A Treatise of the Fear of God*, 101-3; *Works*, 1:460-61을 보라.
43. Bunyan, *A Treatise of the Fear of God*, 111; *Works*, 1:462을 보라.

억지로 굴복하는 "거짓 두려움"이다.[44]

    당신은 이러한 두려움의 은혜가 있는가? 하나님의 전능하신 위엄으로 인하여 당신의 마음에 어린아이와 같은 경외심과 사랑으로 충만하여 삶 속에서 순종으로 나타나는가? 그렇지 않다면 성령 하나님을 통하여 오직 그리스도만이 주실 수 있다. 우리는 당신에게 이렇게 권하고자 한다. 회개하고 주님을 믿으십시오. 특별히 성경을 열어 마음을 살피는 정기적인 설교를 듣는 것과 같은 은혜의 방편을 구하십시오. 만약 당신이 스스로 지옥형벌에 대해 두려움을 가지게 되었다면, 그것을 억누르지도, 아니면 그것에 안주하지도 마십시오. 대신에 그리스도께서 당신을 구원하셨다는 것을 깨달을 때까지 그 두려움으로 당신을 그리스도께 나아가 구원을 간절히 구하십시오. 만약 이러한 두려움을 가지고 있다면, 초자연적인 은혜의 선물을 주신 하나님께 감사하십시오. 그리고 예레미야 32:40을 펼쳐서 다른 이들을 위해 이렇게 기도하십시오. "주여, 저들에게 복을 주소서. 당신을 경외함을 그들 마음에 두어 당신을 떠나지 않게 해 주소서." 하나님께서 허락하신 이 거룩한 두려움을 이 땅의 삶에서 가장 친한 친구처럼, 그리고

---

44. Bunyan, *A Treatise of the Fear of God*, 174; *Works*, 1:477을 보라.

다가올 삶에서 영광의 소망처럼 소중히 여기십시오.

왜 그리스도인들이 거룩한 두려움을 소중히 여겨야 하는가?

번연은 하나님을 두려워하는 이들이 다른 모든 은혜와 마찬가지로 "더욱 그러하길" 바랐다. 번연이 그랬던 것처럼, 성경은 시편 34:9에서 신자들에게 권한다. "너희 성도들아 여호와를 경외하라 그를 경외하는 자에게는 부족함이 없도다." 모든 신자마다 여호와를 두려워하지만, 특별히 오바댜는 "여호와를 지극히 경외하였다"(왕상 18:3). 또한 하나냐는 "충성스러운 사람이요 경외함이 무리 중에서 뛰어난 자"였기에 존경받았으며, 위대한 일을 맡았다(느 7:2).[45] 우리 그리스도인들은 이들과 같아야 한다.

번연은 그리스도인들에게 하나님에 대한 두려움 가운데서 거해야 할 많은 동기를 제공했다. 하나님을 경외하는 은혜는 "당신을 위한 하나님의 특별한 사랑"이다. 번연은 그리스도인들이 이 사랑의 선물을 이미 받았음을 상기시켰다. 하

---

45. Bunyan, *A Treatise of the Fear of God*, 181; *Works*, 1:478-79을 보라.

나님께서 "지극히 사랑하는 자들에게만" 베푸시는 "그의 보물이자 엄선된 보석"을 당신에게 주신 것이다. 이렇게 값진 선물에는 큰 책임이 따른다. 하나님께서 당신을 축복하시고자 베풀어주신 이 보물을 "사랑하고, 잘 자라게 하며, 잘 발휘하며, 마음속에서 더욱 커질 수 있도록 잘 사용"하는 책임이다.[46]

이처럼 귀중한 두려움의 은혜 가운데 거할 때 그리스도인들은 악에 빠질 위험으로부터 보호를 받는다. "그들은 나를 떠나지 않게 될 것이다."(렘 32:40 참고)라고 말씀하셨듯이, 하나님을 두려워하는 모든 신자는 신실하신 하나님의 영원한 언약의 대상이다. 설령 진정한 그리스도인들은 전적으로 그리고 최종적으로는 이탈하지 않는다고 하더라도, 영적 성숙함을 이루지 않는다면 수도 없이 곤란해 질 수 있다. 건강하지만 부주의한 아이는 걸려 넘어지고, 떨어지고, 더러워지기 일쑤이다. 그렇다. 심지어는 거의 불에 타거나 물에 빠져 버리기도 하니 말이다. 시편 34:7은 "여호와의 천사가 주를 경외하는 자를 둘러 진 치고 그들을 건지시는도다"라고 말한다. 즉 여호와를 경외할 때 하나님의 자녀들은 "사망의 그물

---

46. Bunyan, *A Treatise of the Fear of God*, 182-83; *Works*, 1:479을 보라.

에서 벗어난다."라는 것이다(잠 14:27). 그런데 단순히 어려움에서 빠져나오는 것이 아니라, 죄에서 벗어나게 된다. 번연은 시계에게 언제 태엽을 감아야 할지 알려줄 것을 기대할 순 없다고 말한다. 여기서 태엽이 감겨 있는 시계를(오늘날에는 건전지가 대신하고 있다) 하나님에 대한 두려움을 가지고 있는 그리스도인이라 볼 수 있다. 그리스도인들은 이 두려움 덕분에 멈춰 버린 시계와 같이 되지 않고 시기적절하게 행하며 살아갈 수 있는 것이다. 잠재적인 문제들이나 극한의 상황은 늘 존재할 수 있다. 하지만 하나님에 대한 두려움은 그리스도인들을 모든 경우로부터 안전하게 벗어날 수 있게 한다(전 7:15-18 참고).[47]

그리스도인들이 하나님을 크게 두려워하는 것은 지혜로우면서도 바람직하다. 잠언 14:16은 "지혜로운 자는 두려워하여 악을 떠난다."라고 말한다. 이에 번연은 "지혜로운 자가 두려움의 은혜를 가지고 있다기보다, 지혜로운 자가 두려워하기 때문에 비로소 이 은혜가 발휘된다."라고 언급했다.[48] 하나님에 대한 두려움이 축복이라면, 그 축복이 성장시키는 것 또한 지혜로운 것이지 않겠는가? 결국에는 그렇게 하는 것만

---

47. Bunyan, *A Treatise of the Fear of God*, 183-84, 195-96; *Works*, 1:479, 482을 보라.

48. Bunyan, *A Treatise of the Fear of God*, 185; *Works*, 1:480. 49을 보라.

이 바람직하며, 올바른 일이다. 하나님께서 당신의 창조주이시다면, 당연히 그분을 두려워해야 하지 않겠는가? 하나님께서 만왕의 왕이시다면, 그분께 경외함을 보이는 것이 마땅하지 않겠는가? 하나님께서 아버지시다면, 자녀들은 그분을 공경해야 하지 않겠는가?[49]

두려움의 은혜는 인간을 하찮은 존재로 만들거나 겁쟁이로 격하시키지 않는다. 오히려 고결하고 용기 있는 존재가 되게 한다. 여호와를 두려워함은 여자를 탁월하게 하며, 칭찬을 받게 한다는 성경 말씀처럼 말이다(잠 31:30 참고). 그리스도께서 하나님을 두려워하는 것과 사람을 두려워하지 않는 것이 동일 선상에 있다고 하신 말씀을 주목하자(눅 12:4-5). 번연은 "내가 나의 하나님을 크게 두려워할 때, 다른 모든 사람들을 두려워하는 것에서 자유하고, 이 세상의 어떠한 것도 절대 두렵거나 끔찍하지 않으며, 두려움이 내게 어떤 영향도 끼칠 수 없게 된다."라고 자신의 경험을 고백했다. 만약에 우리가 대부분의 사람들을 두렵게 하는 것들에 대해 두려워하지 않기를 원한다면, 우리에게 여호와를 거룩하신 분이라 여기고, "그분을 두려워하며, 무서워할 자로 삼으라."라는 성경의 권

---

49. Bunyan, *A Treatise of the Fear of God*, 186; *Works*, 1:480을 보라.

면에 따라야 한다(사 8:12-13). 또한 우리가 하나님의 사람들이 박해를 받을 때 겪었던 감옥이나, 교수대, 칼, 화형대를 돌아본다면, 우리는 하나님을 대단히 두려워했기에 "위대하고 세상이 감당할 수 없는 영혼을 가지게 되었다."는 것을 발견할 수 있을 것이다.[50] 번연은 이 사실을 독자들에게 상기시키고자 할 때 폭스의 『순교자 열전』*Foxe's Book of Martyrs*를 인용했을 것으로 보인다.

그리스도인들이 그리스도의 신실하심을 본받았기에 고통을 받는다고 할지라도, 하나님께서는 그리스도를 영화롭게 하는 이들을 영화롭게 하신다. 우리의 삶 속에서도 그렇게 행하신 것을 종종 발견한다. 여호와께서는 옛 언약에서 레위 지파를 제사장으로 택하셨다. 성경은 그 이유를 그들이 여호와를 두려워했기 때문이었다고 전한다(말 2:4-6 참고). 하나님을 두려워하는 이들을 권위와 책임이 부여된 직분에 두는 것은 하나님의 명령이다(출 18:21; 느 7:2 참고). 하나님께서는 하나님의 백성을 축복하시기 위해 요셉, 오바댜, 다니엘, 모르드개 등과 같이 하나님을 두려워하는 이들에게 종종 권세를 허락하셨다.[51] 심판의 날 하나님께서는 하나님을 두려워하는 이

---

50. Bunyan, *A Treatise of the Fear of God*, 187; *Works*, 1:480을 보라.
51. Bunyan, *A Treatise of the Fear of God*, 189-90; *Works*, 1:480-81을 보라.

들을 기억하실 것이고, 그들을 사랑하는 자녀로 삼아 주실 것이며, 특별한 소유로 삼아 아들을 아낌같이 아끼실 것이다(말 3:16-17 참고).**52**

만일 우리가 가정에서나 교회에서나 나라에서나 하나님께 귀하게 쓰임 받고자 한다면, 하나님에 대한 두려움이 자라게 해야 할 것이다. 하나님을 두려워함 가운데 거하는 사역자들은 "많은 이들을 돌이켜 죄악에서 떠나게 하는" 축복을 받는다(막 2:5-6). 하나님을 두려워하는 목회자는 자신과 자신의 가르침을 계속 살피고, 자신과 자신에게 말씀을 듣는 자들을 구원한다(딤전 4:16). 이러한 법리는 공적 리더십의 위치에 있는 자들에게만 해당하는 것이 아니다. 하나님께서는 정결한 행실로 "하나님을 두려워하는" 아내들을 말씀에 순종하지 않는 남편들을 구원받게 하는 데 사용하신다(벧전 3:1-2). 남편이나 아내나, 부모나 자녀나, 고용주나 고용인이나, 누구든 상관없이 하나님을 두려워하는 삶에 동참한다면, 그들은 "하나님의 손에서 원래 그들의 모습보다 훨씬 더 값진 도구로 빚어질 것이다." 불신자들이 하나님을 두려워함 속에서 거하는 그리스도인들을 바라볼 때, 그들 안에 있는 양심이 깨어나지만,

---

52. Bunyan, *A Treatise of the Fear of God*, 197-98; *Works*, 1:483을 보라.

반대로 하나님을 경외하지 않는 거짓된 그리스도인들은 오히려 "눈먼 자들의 걸림돌"이 되고 말 것이다.[53]

번연은 이같이 고백했다. "보시다시피 하나님에 대한 거룩한 두려움의 은혜는 얼마나 중대하고 위대한 은혜인가?"[54] 하나님에 대한 두려움을 갖고, 이 은혜를 더욱 누림은 참으로 놀라운 일이 아닐 수 없다. 이것은 마치 불꽃이 모든 삶을 거룩으로 뜨겁게 하는 것과 같고, 소금이 우리의 행위를 하나님을 기뻐함으로 맛을 내게 하는 것과 같으며, 빛이 하나님의 임재를 세상에 밝히 보이는 것과 같다. 그리스도인들은 이처럼 귀하고 값진 은혜를 더욱 자라도록 힘써야 할 것이다. 당신은 하나님을 진정으로 두려워하기를 사모하는가?

---

53. Bunyan, *A Treatise of the Fear of God*, 193-94; *Works*, 1:481-82을 보라.
54. Bunyan, *A Treatise of the Fear of God*, 107; *Works*, 1:462을 보라.

6
하나님을 두려워하는 데서 온전하여지는 거룩

주 예수 그리스도께서는 무화과나무의 비유를 통해 사람들에게 회개의 필요성에 대해 경고하셨다(눅 13:6-9 참고). 포도원의 주인은 열매를 구하러 왔으나 아무것도 얻지 못했다. 그 주인은 포도원지기에게 삼 년 동안 열매를 구하였으나 아무것도 얻지 못했다는 소식을 들었다. 그리곤 그 나무를 찍어버리고자 했다. 하지만 포도원지기는 주인에게 일 년만 더 기다려보고, 그래도 아무 열매를 맺지 못하면 그때 찍어버리자고 제안했다. 하나님께서는 오래 참으시는 분이시지만, 여전히 열매를 찾으시며, 얻지 못하시면 심판하신다.

번연은 예수님의 무화과나무 비유가 기록된 본문을 주해하면서 다음과 같이 질문하였다. "하나님께서 기대하시는 열매란 무엇인가?" 질문의 답은 "좋은 열매"이다. 이 열매는 성령의 열매이며, 예수 그리스도로 말미암는 의의 열매이다(갈 5:22-23; 빌 1:11 참고).[1] 그리고 이 열매는 회개와 믿음을 동반하는 하나님에 대한 거룩한 두려움의 열매이다. 번연은 이어서 다음과 같이 권했다. "우리는 하나님의 부르심에 합당하게 행해야 합니다. 즉 우리가 어디에 있든지 우리가 행하여 나타낼 바는 하나님께서 우리와 함께 계신 것과, 우리가 함께하시는 하나님을 두려워하는 것입니다. 그럴 때 하나님의 위엄과 권위가 나타나게 됩니다." 좋은 열매는 "하나님에 대한 두려움이 내 안에 있다"는 것을 증거할 뿐만 아니라, 하나님께 의지하는 것과 그분을 신뢰하는 것과 그분의 말씀을 믿는 것, 그분의 임재에 만족하며, 그분 안에서 기뻐하고, 감사하고, 예배드리고, 천국을 사모하고, 가난한 자들에게 베풀며, 행실에 모범이 되며, 환란 가운데 인내하며, 말씀 안에 거하고 거룩한 것을 포함한다.[2] 번연은 "거룩을 사랑하지 않는 사람은 하나님을 사랑할 수 없다."라고 덧붙였다.[3]

---

1. John Bunyan, *The Barren Fig-Tree, Or, The Doom and Downfal of the Fruitless Professor* (London: Jonathan Robinson, 1673), 47-48; *Works*, 3:567을 보라.
2. Bunyan, *The Barren Fig-Tree*, 59-61; *Works*, 3:569을 보라.
3. John Bunyan, *A Holy Life, The Beauty of Christianity* (London: by B. W.

하나님께서는 오직 믿음으로 말미암아 신자를 의롭다 하시지만, 거룩은 구원과 영원한 영광의 본질에 관한 것이다. 번연은 믿음으로 말미암는 칭의에 대한 교리와 거듭난 이들의 증거로 나타나는 선한 행실에 대한 교리를 조심스레 구분하였다. 그리고 다음과 같이 말했다.

> 하나님 앞에서 끔찍한 율법의 저주로부터 의롭다 함을 얻는 것에 대해 써 내려갈 때, 저는 은혜와 그리스도, 언약, 그리고 믿음 말고는 말할 수가 없었습니다. 하지만 사람 앞에서 의롭다 함을 얻는 것에 대해 말할 경우 저는 선한 행실과 연결 짓지 않을 수가 없었습니다. 은혜와 그리스도 그리고 믿음은 눈에 보이지 않지만 … 그리스도의 의와 보혈을 믿어야만 우리는 죄에서 사함을 받고, 하나님의 저주로부터 피할 수 있게 됩니다. 하지만 이러한 하나님의 긍휼을 진실로 입었다는 것을 이웃에게 나타날 때는 반드시 선한 행실이 수반되어야 합니다. 그렇지 않고서는 단지 말에 불과할 뿐입니다.[4]

의롭다 여김을 받는 믿음이 선한 행실을 낳을 수밖에 없

---

for Benj. Alsop, 1684), 46; *Works*, 2:520을 보라.

4. Bunyan, introduction to *A Holy Life*, sig. A2r-A2v; *Works*, 2:507을 보라.

는 이유는 믿음으로 그리스도를 받기 때문이다. 따라서 신자는 성령으로 그리스도와 연합한다. 그리스도께서는 신자의 마음에 말씀과 성령으로 거하시며, 그리스도의 몸 된 지체의 영혼과 행실을 본질적으로 변화시키신다.[5] 번연의 이러한 가르침은 루터를 따른 것인데, 루터는 "그리스도인과 그리스도는 연합하여 하나"가 되었기 때문에, 그리스도의 의가 신자들에게 돌려지게 되고, 반대로 신자들의 죄는 그리스도께 전가되어 그리스도의 승리와 생명이 신자들 안에 역사한다고 말했다. 또한 그렇기 때문에 믿음은 "수동적인 능력이 아닌," 선한 행실을 야기하는 강력한 능력인 것이다.[6] 번연이 말했던 것처럼, "믿음은 탐욕과 마귀와 세상을 대적하는 영혼에게 생명의 원리이고 … 행동의 원리이며 … 권능의 원리이다. 믿음은 세상을 이긴다"(요일 5:4-5).[7]

성화의 과정에서 믿음의 필요성은 우리에게 거룩은 은혜에서 비롯된다는 것을 상기시킨다. 번연은 믿음으로 말미암는 칭의와 두려움에 의한 성화를 억지로 조합하여 왜곡해서

---

[5]. Bunyan, introduction to *A Holy Life*, sig. A4r-A4v; *Works*, 2:507을 보라.

[6]. Luther, *Galatians*, fol. 83r-83v.

[7]. John Bunyan, *Christian Behaviour; Being the Fruits of True Christianity*, 3rd ed. (London: F. Smith, [1690]), 15; *Works*, 2:551을 보라.

가르친 것이 아니다. 그는 의롭다 함을 받는 믿음을 신자들이 거룩함으로 나아가게 하는 동력으로 보았다. 그리고 디도서 3:7-8을 묵상하면서 "선한 행실은 믿음으로부터 흘러나온다."라고 고백했다. 더 나아가 "우리 스스로, 그리고 다른 이들이 선행 행실을 할 수 있게끔 하는 가장 좋은 방법은 대게 그들에게 은혜로 말미암는 칭의 교리를 증거하는 것과 스스로가 그것을 믿는 것이다."라고 말했다. 다시 말해서, 의롭다 하심을 믿는 것 자체가 자동으로 선한 행실을 낳는 것이 아니라, 그 믿음이 신자들로 하여금 선한 일을 하도록 힘쓰고 지속적으로 행할 수 있도록 동기와 힘을 제공하는 것이다.[8]

번연은 사람들이 거룩을 향하도록 공포를 조장하여 채찍질하지 않았다. 대신에 하나님에 대한 거룩한 두려움으로 말미암은 성화에 대해 가르쳤다. 하나님을 두려워함은 은혜로 더욱 거룩해지는 과정에서 필요한 근본적인 원료이다. 사도 바울은 고린도후서 7:1에서 "그런즉 사랑하는 자들아 이 약속을 가진 우리는 하나님을 두려워하는 가운데서 거룩함을 온전히 이루어 육과 영의 온갖 더러운 것에서 자신을 깨끗하게 하자"고 말했다. 번연은 이 본문을 다음과 같이 해석했다.

---

8. Bunyan, *Christian Behaviour*, 12; *Works*, 2:550을 보라.

"어떤 이의 마음속에서 하나님에 대한 두려움이 자라지 않는다면, 그것은 은혜가 풍성하지도, 맡겨진 직무에 충실하지도 않다는 의미입니다. … 반대로 만약 그 두려움이 자라고 있다면, 당신은 거룩함으로 온전하여질 것입니다. 하나님께서 당신의 영혼이 온전함에 이르기까지 넘치도록 부어주시는 모든 은혜를 누리고 있다면, 그 안에 거하십시오. 이 두려움의 은혜 가운데 잠기십시오. 그리고 모든 것을 행하십시오."[9] 율법주의와는 거리가 먼 이 고백은 하나님에 대한 두려움이 하나님의 은혜의 약속에 근거를 두고 있다는 것을 분명히 말하고 있다. 이 두려움은 우리가 예수 그리스도 안에서 믿음으로 받는 성령에 의해 생겨났다.[10] 경건한 두려움과 믿음은 서로가 적이 아닌 거룩이라는 옷을 함께 협력하여 짜는 형제며, 자매다.

번연은 하나님에 대한 두려움 없이 행하는 모든 순종은 단지 위선이며, 속이는 가면일 뿐이라고 말했다. 전도서 12:13은 "하나님을 경외하고 그의 명령들을 지킬지어다 이것

---

9. John Bunyan, *A Treatise of the Fear of God* (London: N. Ponder, 1679), 190-91; *Works*, 1:481을 보라. 원문에는 "잠기십시오"에 해당하는 "To soak" 대신에 "a-soak"로 되어있다.

10. John Bunyan, *A Defence of the Doctrine of Justification, By Faith in Jesus Christ Shewing, True Gospel-Holiness Flows from Thence* (London: Francis Smith, 1673), 41; *Works*, 2:299을 보라.

이 모든 사람의 본분이니라"라고 말하고 있다. 번연은 전도서 말씀을 근거로 거룩한 두려움은 "사람의 모든 본분을 거룩하여지게 한다."고 결론을 지었다.[11] 그리고 그의 저서에 다음과 같이 썼다. "거룩한 두려움은 마땅히 해야 하는 선한 행실로 이르게 하도록 고무시키는 보편적 은혜입니다. 또한 거룩한 두려움은 결실이 풍부한 은혜입니다. 이 은혜가 있는 곳이면, 이 은혜로부터 훌륭한 덕목이 넘쳐 흘러나옵니다. 반면에 이 은혜가 없는 곳이면, 어떠한 것도 선할 수도 없고, 이미 행해진 것들 또한 형통할 수 없습니다."[12] 번연은 율법폐기론자antinomian가 아니었다. 그는 고전적 종교개혁 신학에서 가르쳤던 율법의 세 가지 기능, 율법은 죄인들이 자신들의 죄를 깨닫게 하고, 공공사회의 질서를 유지하며, 신자들의 삶을 바른 방향으로 인도한다는 것에 대해 확신했다.[13] 그렇기 때문에 하나님의 율법을 삶의 원칙으로 삼고, 신자들이 그것에 순종하는 것은 하나님에 대한 두려움이 동기를 부여할 때만 가

---

11. Bunyan, *A Treatise of the Fear of God*, 232-33; *Works*, 1:491을 보라.

12. Bunyan, *A Treatise of the Fear of God*, 122; *Works*, 1:465을 보라.

13. Anjov Ahenakaa, "Justification and the Christian Life in John Bunyan: A Vindication of Bunyan from the Charge of Antinomianism" (PhD Dissertation, Westminster Theological Seminary, Glenside, PA, 1997), 253-68.

능한 것이다.

그렇다면 과연 하나님에 대한 두려움은 어떤 모습일까? 그리고 그 두려움은 사람에게 어떤 영향을 줄까?

경건한 두려움의 모습과 열매

경건한 두려움은 하나님을 향한 공경과 경외를 내포한 감각이다(시 89:7 참고). 우리가 앞서 살펴보았던 것과 같이, 이 두려움은 특별히 하나님의 거룩한 위엄을 지각하는 것으로부터 생긴다.[14] 번연은 "하나님의 영광스러운 위엄 앞에 섰을 때만큼이나 하나님을 두렵게 하는 것은 없다"라고 말했다. 그런데 하나님께서는 멀리 계시는 것이 아니라 우리와 가까이 계시며, 우리를 주시하고 계신다. 그렇기 때문에 결과적으로 경건한 사람은 다음과 같이 고백할 수밖에 없다. "나는 그분의 위엄 가운데 서 있습니다. 그분은 나의 경외로움이시며, 그분은 나의 두려움이십니다. 나는 그분의 임재 가운데서 그분의 시선을 느끼며 모든 것을 행합니다. 나는 그분의 거룩하고 영광

---

14. 이 책의 3과를 보라.

스러운 위엄을 경외함으로 그분 앞에서 두렵고 떨림으로 모든 것을 행합니다."[15]

본성이 타락한 인간은 하나님의 율법에 순종하지도 않고, 그것을 행할 수 있는 능력조차 없다(롬 8:7 참고). 하나님께서 죄인을 구원하실 때 하나님께서는 인간을 순종하는 존재로 만드신다(롬 6:17 참고). 번연은 "상한 마음이 우리를 순종하게 한다."고 말했다. 왜냐하면 그랬을 때 비로소 우리는 "하나님 앞에 엎드려, 하나님께 영광 돌리기" 때문이다. 따라서 "하나님을 두려워하는 마음"은 선하고 정직한 마음이다.[16]

번연은 경외심이 "하나님의 영광에 대해 온유함"을 낳는다고 말했다. 하나님을 두려워하는 이들은 하나님의 이름을 욕되게 하는 자들을 바라볼 때 경외심으로 인하여 마음이 상한다(시 42:10; 119:136 참고). 이들은 사람이 입술과 삶으로 하나님께 영광을 돌리기 간절히 소망한다. 이렇듯 마음의 온유함과 열정은 하나님의 이름에 영광을 돌릴 수 있도록 동기를 부여한다. 다윗의 경우 골리앗이 살아계신 하나님의 군대를 모욕할 때 하나님의 영광에 대한 온유함과 열정으로 말미암아

---

15. Bunyan, *A Treatise of the Fear of God*, 108-9; *Works*, 1:462을 보라.
16. John *Bunyan,* The Acceptable Sacrifice: Or the Excellency of a Broken Heart (London: George Larkin, 1689), 152-53; *Works*, 1:710을 보라.

용감한 행동을 취하였고(삼상 17:26, 45 참고), 다니엘과 그의 세 친구도 마찬가지로 악한 자들이 그들을 사자와 불로 위협했을 때 참 하나님, 오직 한 분께만 경배드릴 수 있는 힘을 얻었다(단 3:16-18; 6:10-16 참고).[17]

또한 하나님을 두려워할 때 사람의 도덕적 감각moral tastes이 변화된다. 죄와 허영은 어리석은 자의 "달콤한 별식"과 같지만(욥 20:12 참고), 하나님을 두려워함은 죄를 미워하게 하고 죄에서 벗어나도록 한다(잠 3:7; 8:13; 16:6 참고). 이 두려움이 죄를 완전히 멸절시킨다는 뜻은 아니다. 하지만 하나님을 두려워함으로 말미암아 신자는 그 안에 여전히 남아 있는 "가나안"을 "미워하고, 싫어하고, 증오하며, 그들을 대적하여 싸우고, 기도하고, 감찰하며, 맞서서 억누른다."[18] 번연은 죄로부터 벗어나고자 하는 동기를 부여할만한 몇 가지 고려사항을 제시했다.

- 하나님께서는 유혹이 우리를 향하여 다가올 때도 지켜보고 계신다.
- 죄는 그것을 받아들인 이들에게 큰 고통을 가져다준다.

---

17. Bunyan, *A Treatise of the Fear of God*, 109-11; *Works*, 1:462을 보라.
18. Bunyan, *A Treatise of the Fear of God*, 94; *Works*, 1:458-59을 보라.

- 그리스도께서는 죄의 영향으로부터 우리를 구하기 위해 고난을 당하셨다.
- 지금 지옥에 있는 이들은 죄를 사랑했으며 그것으로부터 벗어나지 않았던 자들이다.
- 죄를 회개하지 않으면서 자신을 그리스도인이라 말한다는 것은 "일말의 가치도 없다."
- 죄책감으로 우리는 아주 고통스러운 죽음을 맞이할 수도 있다.
- 심판의 날 그리스도께서는 죄로부터 떠나지 않은 이들에게는 "나에게서 떠나라"라고 말씀하실 것이지만, 죄로부터 떠난 이들에게는 복과 상을 주실 것이다.[19]

신자는 이제 기쁨을 죄에서 찾을 수 없다. 그 대신 이제는 하나님의 법과 법의 요구에 따르는 삶에서 찾을 수 있다. 성경은 이렇게 말한다. "여호와를 경외하며 그의 계명을 크게 즐거워하는 자는 복이 있도다"(시 112:1). 죄와 이 세상은 하나님을 섬기며 그의 계명을 사랑하는 이들의 주인이 더 이상 아니다. 위선자들과 율법주의자들이 약간의 종교적 의무를 억지로 지거나 인간의 영광을 받기 위해 행할지는 몰라도, 하나

---

19. Bunyan, *A Holy Life*, 35-37; *Works*, 2:518을 보라.

님을 두려워하는 마음은 하나님에 대한 사랑, 그분의 거룩한 백성들에 대한 사랑, 그리고 아직 구원받지 못한 이들의 구원을 향한 열망으로 나아가고 확장된다. 이 마음은 성령 하나님에 의해 부어진 자유롭고 고귀한 영과 함께 행동한다.[20]

경건한 두려움은 주의 깊은 "살핌"watchfulness이라는 마음을 간직하게 한다. 경건한 사람들은 언제나 자신의 마음을 감찰하는데, 그렇지 않을 경우에는 사탄의 속임수에 걸려 넘어져 악한 일을 하고 만다(잠 4:23 참고). 그래서 그들은 주의 깊게 살피고, 굳건하게 서서 사탄의 공격에 대적한다(벧전 5:8 참고). 또한 "재갈을 물려" 입술을 지키는데 그들은 사람의 혀가 얼마나 쉽게 지옥의 불로 불살라져 온몸을 더럽히는지 알기 때문이다(시 39:1; 약 3:2-7 참고). 결국에는 주의 깊게 모든 행실을 살펴서 이로 말미암아 그리스도께 순종하는 "곧은 길"에 머물게 된다(히 12:13). 하나님을 두려워함으로 하나님의 이름이 결코 더럽혀지지 않도록 하며, 신자들이 걸려 넘어지지 않게 하고, 대적하는 자들이 하나님을 모욕하는 상황이 생기지 않도록 언제나 깊게 스스로를 살핀다.[21]

신자들은 하나님을 두려워함으로 열렬하고 규칙적인 기

---

20. Bunyan, *A Treatise of the Fear of God*, 131-34; *Works*, 1:467을 보라.
21. Bunyan, *A Treatise of the Fear of God*, 111-12; *Works*, 1:462-63을 보라.

도를 드린다(행 10:1-2 참고). 번연은 이렇게 외쳤다. "기도하지 않는 자여, 그대는 하나님을 두려워하지 않는구나!" 진실로, 하나님을 두려워하지 않는다면, 기도는 무의미하다. 번연은 히브리서 5:7을 독자들에게 가리키며, 주 예수 그리스도께서도 "그의 경건하심으로 말미암아 들으심을 얻었다"고 말했다. 부모에 대한 자식의 혹은 "어린아이 같은" 두려움은 "올바른 기도에서 가장 본질적인 것"이다.[22]

번연은 하나님에 대한 두려움이 하나님의 백성 공동체의 예배와 모임으로 사람들을 이끈다고 말했다. 고든 웨이크필드Gordon Wakefield는 『천로역정』을 개인주의Individualism를 권하는 이야기로 읽어서는 안 된다고 말했다. 오히려 "여정을 함께하는 좋은 동료들이 많았기에" 천로역정은 "외로운 여정이 아니었다."[23] 여호와를 경외하는 자들은 종종 경건한 모임에 모여 피차 말한다(말 3:16). 모든 종류의 두려움은 두려워하지 않으려고 노력하는 순간조차도 두려워하는 대상이 누구며, 무엇인지 떠올리려는 경향이 있다. 경건한 두려움은 그 성격상 경외함으로 하나님에 대해 자주 생각하고 이야

---

22. Bunyan, *A Treatise of the Fear of God*, 122-23; *Works*, 1:465을 보라.
23. Gordon S. Wakefield, "Bunyan and the Christian Life," in *John Bunyan: Conventicle and Parnassus; Tercentenary Essays*, ed. N. H. Keeble (Oxford: Clarendon Press, 1988), 124.

기하도록 사람의 마음을 움직인다. 그러므로 하나님을 두려워함은 교회 공동체 모임 가운데 주님에 대하여, 그리고 그의 길에 대하여 나누는 거룩한 대화의 시간으로 풍성하게 채운다.[24] 이는 교회가 하나님의 거룩한 규례 가운데서 "그의 위엄에 큰 경외심"으로 공예배를 드리게 한다. 하나님께서는 이들의 모임 가운데 특별히 임재하시기를 약속하셨으므로 교회는 "그분의 뜰이 되고 궁전이 된다." 경건한 사람들은 하나님을 경외함으로 예배하리라 다짐하며(시 5:7 참고), 하나님께서는 그들이 드리는 예배를 그리스도를 통하여 기쁘게 받으신다(히 12:28 참고). 만약에 무심코 행한 가벼운 행동이 세상의 왕 앞에서도 무례한 것이라면, 우리는 얼마나 경건하게 하나님께 예배드려야 하겠는가?[25]

"자기부인"(自己否認, self-denial) 역시도 거룩한 경외에서 흘러나온다. "자기부인"은 하나님의 법을 거스르는 모든 것과, 설령 율법을 거스르는 것이 아닐지라도 우리 영혼에 유익이 되지 않는 모든 것을 행하기를 거절하는 것을 뜻한다. 번연은 느헤미야를 예로 들었는데, 유대가 외세의 통치를 받던 시기, 유대를 통치하는 자들에게 양식과 재산에 대한 세금을 바치

---

24. Bunyan, *A Treatise of the Fear of God*, 112-13; *Works*, 1:463을 보라.
25. Bunyan, *A Treatise of the Fear of God*, 114-15; *Works*, 1:463을 보라.

는 관례가 있었다는 것을 설명하면서 느헤미야가 그것에 따르지 않았음을 주목했다. 왜냐하면 느헤미야는 하나님을 두려워했기 때문이다(느 5:15). 동시에 그는 총독에게서 녹을 요구하지도 않았다. 그는 "하나님의 영광의 온유함"을 가진 사람이었고, 그의 형제들이 구원받기를 바랐으며, 연약한 자들이 넘어지는 것을 원치 않았다. 동일한 의미에서 바울은 "그러므로 만일 음식이 내 형제를 실족하게 한다면 나는 영원히 고기를 먹지 아니하여 내 형제를 실족하지 않게 하리라"(고전 8:13)라고 말했다. 이와 같이 하나님을 두려워함으로부터 기인하는 "자기부인"은 본질적으로 그리스도의 참 제자의 증거가 된다(마 10:37-38; 눅 14:26-27, 33 참고).[26] 이러한 "자기부인"의 전형적인 예는 아브라함이다. 아브라함은 하나님께서 말씀하셨을 때 어떻게 "그의 하나뿐인 사랑하는 아들, 이삭을 바칠 수 있었을까?" 분명한 것은 그가 믿음으로 행했다는 것이다(히 11:17). 하지만 하나님께서는 아브라함의 거룩한 두려움을 특별히 칭찬하셨다. "네가 네 아들 네 독자까지도 내게 아끼지 아니하였으니 내가 이제야 네가 하나님을 경외하는 줄을 아노라"(창 22:12). 번연은 "하나님에 대한 두려움은 하나님이

---

26. Bunyan, *A Treatise of the Fear of God*, 115-17; *Works*, 1:463-64을 보라.

부르실 때 자신의 가장 귀한 것, 그것이 이 땅에서 가장 소중한 것이라 할지라도 기꺼이 내어드릴 준비가 되게 한다."라고 결론을 지었다.[27]

하나님을 두려워함은 어려움에 처하고 고통 중에 있는 신자들을 향하여 부드러운 마음의 긍휼을 낳는다. 여기서 번연은 오바댜를 예로 들었다. 그는 선지자는 아니었지만, 아합 치세에서 국가를 위해 일하는 공무원이었다. 사악한 여왕인 이세벨이 하나님의 선지자들을 죽이고자 했을 때 "여호와를 지극히 경외했던" 오바댜는 수백 명의 선지자를 숨겨주고 그들에게 음식과 음료를 제공해주었다(왕상 18:3-4 참고). 극심한 박해 가운데 있을 때 하나님을 경외했던 사람은 "이세벨의 코앞에서" 그의 목숨을 담보로 하나님의 종들을 보호하고 그들에게 긍휼을 베풀었던 것이다.[28]

하나님을 두려워함은 인간의 권력이나 상을 얻고자 하여 종교적인 모습을 보이는 이중성으로부터 우리를 지키고, 우리가 하나님을 진실함으로 섬길 수 있도록 한다. 번연은 골로새서 3:22을 인용하며, 우리는 "사람을 기쁘게 하는 자와 같이 눈가림만 하지 말고 오직 주를 두려워하여 성실한 마음으로

---

27. Bunyan, *A Treatise of the Fear of God*, 123-24; *Works*, 1:465을 보라.
28. Bunyan, *A Treatise of the Fear of God*, 120-22; *Works*, 1:464-65을 보라.

우리의 할 일을 해야 한다."고 말했다. 우리 마음에 있는 하나님을 두려워함과 위선은 서로 철천지원수이다. 번연은 다음과 같이 말했다. "하나님을 두려워함이 주는 은혜는 하나님의 경의로운 위엄과 전지하심에 앞에서 우리로 하여금 지속적으로 경건하게 하고, 무엇이 옳은지 그른지에 대한 감각을 가지게 하며, 자연스럽게 하나님의 임재 앞에서 하루하루를 살아가게 합니다. 동시에 그분의 모든 역사와 행하심에 만족하게 하고, 모든 낙심과 좌절로부터 영혼을 견고하게 합니다."[29]

경건한 두려움은 영적 교만이라는 독을 제거하기 위한 해독제다. "높은 마음을 품지 말고 도리어 두려워하라"(롬 11:20). 교만은 영혼을 파괴하는 치명적인 죄이다. 성경이 "교만하여져서 마귀를 정죄하는 그 정죄에 빠질까 함이요"(딤전 3:6)라고 말한 바와 같이 교만은 "본성에 의하여 내가 누군지"를 잊게 만든다. 그래서 자신의 능력을 과대평가하게 하고, 또한 "성령의 은혜로 말미암는 지속적인 용서와 지지와 공급을 받아야만 하는 존재"임을 기억하지 못하게 된다. 하지만 번연은 하나님에 대한 두려움이 "우리 자신을 작은 자로 여기게 하고, 겸손하게 하며, 하나님의 보호하심을 부르짖으며, 하나님

---

29. Bunyan, *A Treatise of the Fear of God*, 118-19; *Works*, 1:464을 보라.

의 발 앞에 엎드려 긍휼을 구하도록 한다"고 말했다. 하나님을 두려워함은 인간이 자기 스스로를 믿는 것에서 하나님으로부터 조언과 지도를 받는 것으로 변화시킨다. 그리하여 사람이 "낮게, 천천히, 안전하게 그 길을 걸어가게 한다."[30] 겸손은 각 사람이 자신의 위치에 따라 사회에서 조화롭게 잘 살 수 있게 한다. (번연은 사회 혁명과는 거리가 먼 인물이었다.) 그는 "『천로역정』의 크리스천이 맡겨진 일을 감당하는데 위치와 관계에 따라 모든 것을 부르심에 걸맞게 행할 때 하나님께서 그를 어여삐 [사랑스럽게] 여기시며 기뻐하신다."라고 말했다. 그리스도인들이 가정과 사회에서 그들의 위치와 관계에 올바른 일에 집중할 때 "그들은 정원사가 정원에 꽃을 심은 자리에서 자라고 핀 꽃과 같을 것이다."[31]

두려움은 우리를 소망으로 인도한다. 번연은 시편 147:11을 묵상하며, "여호와께서는 자기를 경외하는 자들과 그의 인자하심을 바라는 자들을 기뻐하신다"는 것을 깨달았다. 우리의 하나님을 두려워함은 하나님의 인자하심을 바람과 병행한다. 즉 여호와를 두려워하는 사람의 진실한 두려움은 하나님

---

30. Bunyan, *A Treatise of the Fear of God*, 125-27; *Works*, 1:467-68을 보라.
31. John Bunyan, "Epistle to the Reader," in *Christian Behaviour*, sig. A4r-A4v; *Works*, 2:550을 보라.

의 인자 안에서 소망을 낳는다"라는 것이다. 이것이 어떻게 가능할까? 번연은 몇 가지 단계로 설명한다. 먼저, 하나님을 두려워함은 약속된 구원을 진심으로 구하도록 마음을 움직인다. 이는 죄인에게 하나님께서 구원에 대하여 계시하신 곳으로 이르게 하는 "말씀으로 향하는 특별한 방향"을 제시한다. 그렇게 신자들에게 나아갈 방향이 제시될 때 하나님을 경외하는 마음은 다시 그들을 하나님의 길로 이끈다. 여기서 누군가가 하나님을 경외하며 살아가고 있다면, 그는 구원의 은혜를 받은 사람이라는 "내적 증거"를 가지고 살아가는 것과 같다. 결과적으로 하나님을 두려워하는 이들은 구원의 확신의 소망을 얻게 된다. 하나님께서는 하나님을 두려워하여 구원의 소망을 가지고 살아가는 이들을 기뻐하신다.[32] 더 나아가 하나님을 경외함은 우리 안에서 거룩이 성장하게 한다는 은혜의 차원에서 "경건의 의미"를 지니고 있다. 이와는 반대로 세상에서 거룩을 전혀 추구하지 않고 거짓 소망으로 이끄는 거짓 믿음도 있다(히 12:14 참고). 신자들은 하나님을 두려워함으로 자신의 구원을 이룰 수 있도록 한다(빌 2:12 참고). 그들이 스스로 영생을 얻는다는 말이 아니라, 구원을 붙든다는 말이

---

32. Bunyan, *A Treatise of the Fear of God*, 127–28; *Works*, 1:466을 보라.

다(딤전 6:11-12 참고). 이와 같이 경건한 두려움은 신자들에게 구원을 받았다는 것과 앞으로 영원히 구원을 받을 거라는 소망을 현실로서 확증한다.[33]

여호와를 두려워함은 우리 안에서 어떻게 자라는가?

신약성경은 회개가 죄를 벗고, 의를 입는 과정을 요구한다고 말한다(엡 4:22-24 참고). 따라서 신자인 우리는 하나님을 두려워하는 마음을 자라게 하고, 자라지 못하게 방해하는 요소들을 억제하며, 반대로, 돕는 요소들은 더욱 강화해야 한다. 거룩을 추구하는 데는 언제나 열심을 수반한다. 왜냐하면, "그리스도인의 마음은 언제나 연약하기" 때문이다. 성령 하나님께서 언제나 육체를 거스르지만, 우리 육체의 소욕은 언제나 성령을 거스른다(갈 5:17 참고). 성경이 신자들에게 계속해서 마음과 삶을 살피고 경고하는 이유는 바로 여기에 있다. 사람에게 죄를 짓는 것과 하나님 보시기에 무엇이 옳은지를 혼동하는 것은 무척이나 빠르고 쉽다.[34]

---

33. Bunyan, *A Treatise of the Fear of God*, 129-30; *Works*, 1:466-67을 보라.
34. Bunyan, *Christian Behaviour*, 25-26; *Works*, 2:553을 보라.

하나님을 두려워하는 데 방해가 되는 큰 적은 완고한 마음이다(사 63:17 참고). 따라서 우리는 "죄가 시작되는 순간"에 주위를 기울여야 한다. 우리는 다윗의 삶을 통하여 욕정에 가득한 눈길조차 간음과 살인이라는 결과를 낳게 할 수 있다는 것을 보았다. 같은 죄가 지속적으로 반복되면 마음이 완고해진다. 그렇기 때문에 죄는 최대한 신속하게 회개해야 한다.[35] 사탄은 나무토막을 쪼개려 하는 자와 같다. 나무토막에 죄라는 틈이 조금이라도 벌어져 있을 때 그 틈에 쐐기를 박아 넣고, 벌어진 틈을 더욱 벌어지게 한다.[36] 번연은 하나님을 두려워하는 마음을 방해하는 특별한 죄 몇 가지를 다음과 같이 제시했다.

- **가볍고 음탕한 마음.** 하나님의 거룩하심과 심판은 별것 아닌 것처럼 가벼이 여기면서도 세상과의 영적 간음에 빠지는 것에는 재빠른 마음(렘 3:8).
- **탐욕적인 마음.** 세상의 것을 쌓고 그것으로 인한 부유함은 갈망하는 반면에 하나님을 두려워하고 사랑하는 것에는 정반대인 마음(출 18:21; 요일 2:15 참고).

---

35. Bunyan, *A Treatise of the Fear of God*, 210-11; *Works*, 1:486을 보라.
36. Bunyan, *The Acceptable Sacrifice*, 178; *Works*, 1:713을 보라.

- 믿지 않는 마음. 하나님과 천국, 지옥을 동떨어져 있고, 사실이 아닌 것처럼 여기는 마음. 이러한 마음은 모든 악의 원인이 된다(히 3:12 참고).
- 경홀히 여기는 마음. 한편으로는 하나님의 인자하심과 오래 참으심은 간과하면서도 다른 한편으로는 세상에 대한 하나님의 심판은 무시하는 마음(욥 21:6; 23:15-16 참고).
- 교만하고 불평하는 마음. 하나님께서 행하실 것을 겸손하게 기다리는 것이 아니라 "더 우월한" 지혜로 하나님의 방법에 잘못된 것을 찾으려 하고, 그것을 바로잡고자 하는 마음(시 39:9 참고).
- 질투하는 마음. "관리자나 심판자"의 위치에서 자기 의를 내세워 하나님께서 다른 이에게 주신 것에 자신의 권리를 주장하거나, 죄인들의 형통을 부러워하는 마음(잠 23:17 참고).
- 율법에서 벗어나 하나님의 통치를 받지 않으려는 마음. 기도나 가난한 자들에게 베푸는 일, "자기부인" 등과 같은 영적인 제자도를 훈련하는 것에서 자신을 제외하는 마음.[37]

신자는 자신의 영혼에 이와 같은 죄들이 들어왔을 때, 신

---

37. Bunyan, *A Treatise of the Fear of God*, 212-17; *Works*, 1:486-87을 보라.

속하게 회개해야 하며, 그 죄를 죽이기 위해서 분투해야 한다. 그렇지 않으면 오히려 그 죄가 하나님에 대한 두려움에 반하여 마음을 완악하게 할 것이다.

우리는 하나님을 두려워함을 추구하기 위해서 하나님에 대한 경건한 두려움과 그렇지 못한 두려움을 분별해야 한다. 하나님께서는 그의 백성들에게 해를 끼치는 두려움을 적으로 규정하시는데, 그리스도인들은 이러한 적들이 그들 마음에 자라지 못하도록 날마다 깨어 경계해야 한다. 그럴 때 하나님께서 "두려워하지 말라"라고 말씀하신 명령을 비로소 지킬 수가 있다(창 15:1; 26:24; 46:3; 출 14:13; 20:20; 민 14:9; 21:34; 사 41:10, 13-14; 43:1; 44:2, 8; 54:4; 렘 30:10; 단 10:12, 19; 욜 2:21; 학 2:5; 슥 8:12).[38]

이어서 신자들은 양자의 신분으로 신자들이 느끼는 하나님에 대한 두려움과 영적으로 속박되어 있는 상태를 분별하는 법을 바르게 배워야 한다(롬 8:15; 딤후 1:7 참고). 예수 그리스도를 구주로 영접한 사람이 속박으로 인하여 두려움에 휩싸이는 경험을 한다면, 그것은 성령 하나님으로부터 온 것이 아니라 마귀로부터 온 것이다. 따라서 이러한 두려움에 휩싸이면 하나님의 자녀로 살아가야 하는 그리스도인들이 마귀의

---

38. Bunyan, *A Treatise of the Fear of God*, 198-99, *Works*, 1:483을 보라.

종으로 살게 된다. 영적으로 속박당지 않기 위해서 번연은 그리스도인들이 "불신을 키우는" 종의 두려움에 의식적으로 저항해야 한다고 말했다.[39] 이는 그가 『경외함의 진수』*Treatise of the Fear of God*에서 영적 구속에 관해서 설명하는 데 그토록 많은 시간을 쏟은 이유이기도 하다.[40]

번연은 경건한 두려움의 은혜를 누리고자 하는 이들에게 다음과 같은 영적 훈련을 수행할 것을 당부했다. 먼저 "새 언약에 대한 지식을 얻기 위하여" 배워야 한다. 은혜 언약은 경건하지 못한 두려움은 떨쳐내게 하지만, 진정한 거룩은 추구하도록 한다(눅 1:69-75 참고). 왜냐하면 하나님께서 "그의 아들의 보혈"을 통하여 "당신의 영혼을 향한 완전한 구원"을 은혜 언약에 나타내셨기 때문이다. 그러므로 "우리가 은혜 언약을 알고, 또한 믿으면 자유와 종노릇하는 데서 오는 공포에서 벗어나게 되며, 궁극적으로 하나님의 아들에게 허락된 양자로서 누리는 경건한 두려움이 우리 안에서 자라게 된다."[41]

그리스도인들은 구원의 확신 가운데 거하기 위해서 믿음을 강하게 경험해야 한다. 번연은 예수 그리스도를 믿는 살아

---

39. Bunyan, *A Treatise of the Fear of God*, 199-201; *Works*, 1:483을 보라.
40. 본 책의 '챕터 4' 후반부를 참고하라.
41. Bunyan, *A Treatise of the Fear of God*, 202-3; *Works*, 1:484을 보라.

있는 믿음이 증거되어 "하늘나라의 확증"으로 나타나야 한다고 말했다(시 61:2-5 참고).[42] 다르게 표현하자면, 하나님을 두려워함(시 147:11 참고)과 형제, 자매를 사랑함(요일 3:14 참고)을 통하여 확인할 수 있는 "구원의 자기 증거"를 지켜야 한다는 말이다.[43] 거룩과 선한 행실 자체로는 영생에 이르지 못한다. 하지만 마음을 정결하게 하고 영광을 위하여 우리의 영혼을 준비해 나아가는 모습을 통해서, 그리스도 안에서 구원의 소망은 영생의 증거가 된다. 따라서 그리스도인은 하나님의 신성한 성품에 실제로 참여함으로 부르심과 택하심을 굳게 하여야 한다(벧후 1:5-11 참고).[44] 번연은 여기서 언약을 믿는 믿음과 내적 삶, 외적 행실로 드러나는 구원의 은혜를 확인하는 영적 안목에 대한 확신을 세우는데 청교도의 방법론을 취한다.[45]

하지만 동시에 번연은 『천로역정』에 등장하는 크리스천이 그의 두루마리(구원의 확신을 상징)를 한동안 잃어버렸듯이,

---

42. Bunyan, *A Treatise of the Fear of God*, 203-5; *Works*, 1:484을 보라.

43. Bunyan, *A Treatise of the Fear of God*, 128; *Works*, 1:466을 보라.

44. Bunyan, *A Treatise of the Fear of God*, 130-31; *Works*, 1:467을 보라.

45. 청교도들은 약속의 근거로 먼저 확신을 둔다. 그다음에 영혼의 경건한 행함(신비적 논법the mystical syllogism)과 그리스도인의 실천적 순종(실천적 논법the practical syllogism)을 둔다. Joel R. Beeke, *The Quest for Full Assurance: The Legacy of Calvin and His Successors* (Edinburgh, UK: Banner of Truth, 1999), 65-72, 132-41를 참고.

신자들 역시 하나님께서 신자들을 거룩하게 하시는 은혜에 대한 안목을 잃어버릴 수도 있다고 가르쳤다.[46] 번연은 신자들의 이러한 모습을 두고 다음과 같이 설명했다. "하나님께서는 예비하신 영원한 상속을 받을 권리를 우리에게 주셨습니다. 하지만 종종 우리 스스로가 그 권리에 대한 증거를 놓아버리는 경우가 있습니다." 이러한 경우가 일어났을 때 신자는 그리스도께서 우리의 중보자이신 것을 다시 한 번 확인하며, 구원의 기쁨을 회복해야 한다. 오직 그리스도만이 하나님의 공의를 충족하시며, 우리의 "의로움"되시기 때문이다(시 51:12; 요일 2:1-2).[47] 하지만 이러한 사실은 하나님의 언약에 있어서 전면에 드러나는 지식이라고 할 수는 없다. 오히려 언약 안에서 그리스도를 믿는 자들에게 감추어져 있는 지식이다. 그럼에도 불구하고 이 지식은 경건하지 못한 두려움을 잠잠하게 하고, 경건한 두려움을 견고하게 한다. 우리는 여호와 하나님의 선하심으로 말미암아 여호와를 경외한다(호 3:5 참고). 번연은 다음과 같이 말했다. "하나님께서 당신을 위해 그리스도를 보내셨다는 사실과 그에게 속한 모든 선한 것들을

---

46. John Bunyan, *The Pilgrim's Progress from This World, to That Which Is to Come*, 3rd ed. (London: Nath. Ponder, 1679), 63; *Works*, 3:105을 보라.

47. John Bunyan, *The Work of Jesus Christ as an Advocate* (London: Dorman Newman, 1688), 147-49; *Works* 1:188을 보라.

주시겠다는 약속을 믿는 믿음 안에서 충만하십시오."[48] 사람은 하나님의 선하심을 더 알수록, 하나님에 대한 두려움 또한 커진다. 그리스도께서 당신의 죄를 위해서 십자가에 돌아가셨음을 묵상하면, "당신의 굳은 마음은 이내 눈물로 녹아내릴 것이며, 부드러워지고 온유해질 것입니다."[49]

그리스도인은 하나님의 은혜 안에서뿐만 아니라 하나님의 위엄 안에서도 믿음이 증거되어야 한다. 그러기 위해서 하나님의 위대하심을 자주 묵상할 것을 권한다. 번연은 "만약에 우리가 하나님을 더욱 두려워한다면, 하나님의 영화로우신 위엄에 대한 감각과 믿음이 더욱 자라게 될 것이다"라고 말했다. 그리고 우리가 하나님을 묵상할 때 "거룩한 두려움과 그분의 위엄을 숭배"하게 된다. 하나님의 이름은 "여호와"라고 하는 영화롭고 두려운 이름이다(신 28:58 참고).[50] 번연은 "하나님을 깊이 알아 일하며, 지식으로 항상 마음이 뜨겁게 유지"하기를 권면한다. 여기서 "하나님을 깊이 안다"는 것은 그분의 무소부재하심과 모든 것을 "꿰뚫어 보시는 눈", 모든 만물에 미치는 능력, 강렬히 타오르는 불과 같은 공의로우심,

---

48. Bunyan, *A Treatise of the Fear of God*, 206; *Works*, 1:485을 보라.
49. Bunyan, *A Treatise of the Fear of God*, 211; *Works*, 1:486을 보라.
50. Bunyan, *A Treatise of the Fear of God*, 205-6; *Works*, 1:484-85을 보라.

그리고 하신 모든 약속과 저주를 이루시는 신실하심에 대한 지식을 포함한다.[51] 우리는 하나님께서 행하실 심판은 하나님께서 위선자들을 멸하실 심판일 뿐만 아니라, 경솔히 행하는 그리스도인을 교정하실 심판이라는 것을 기억해야 한다. 하나님은 결코 가볍게 볼 수 있는 분이 아니시다.[52]

우리가 죄에 대하여 알면 알수록 하나님에 대한 두려움과 회개의 소욕 또한 커진다. 번연은 다음과 같이 말했다. "죄에 대한 깊은 통찰력, 즉 죄가 가지고 있는 악한 본성이 당신의 마음에서 영혼을 파괴하는 결과를 초래한다는 사실을 기억하십시오. 그리고 그 사실을 잊지 않기 위해 노력하십시오." 이 죄로 인하여 천사가 마귀가 되었고, 지옥으로 떨어졌다(벧후 2:4; 유 1:6 참고). 죄는 아담을 동산에서 내쫓겨나게 했으며, 옛 세상을 물속에 잠기게 하였고, 소돔과 고모라를 불로 뒤덮이게 했다. 우리는 이 죄로 인하여 "저주를 받게 되었는데, 저주로부터 우리를 구원하시기 위해서 그리스도께서는 피를 흘리셨다." 무언가 당신을 천국으로부터 멀어지게 하는 것이 있다면, 그것은 분명 죄다.[53]

---

51. Bunyan, *The Acceptable Sacrifice*, 180-81; *Works*, 1:713을 보라.
52. Bunyan, *A Treatise of the Fear of God*, 207; *Works*, 1:485을 보라.
53. Bunyan, *The Acceptable Sacrifice*, 181-82; *Works*, 1:713을 보라.

하나님의 말씀은 모든 것을 가능하게 한다. 성경은 언제나 우리 눈앞에 있으며, 언제나 우리 귀에 들리며, 언제나 우리 마음속에서 생각과 감정을 불러일으킨다. 그래서 번연은 다음과 같이 결론을 내렸다. "모든 은혜는 말씀에서 쏟아집니다."(잠 4:20-22 참고). 그리스도인들은 모든 은혜의 근원 되는 말씀을 그저 정보를 얻거나 단순히 영적 성장에 도움이 되는 것으로 홀대해서는 안 된다. 이 말씀이 누구에게서 나온 건지를 언제나 기억해야 한다. 말씀은 "전능하시고 영화로우신 하나님"의 말씀이며, 사랑이 많으시고 자비로우심으로 자녀들에게 베풀어주시는 아버지의 말씀인 것이다.[54]

번연은 특히 가정의 머리, 즉 가장들이 가족들에게 하나님의 말씀을 잘 공급하여, 이들이 스스로 말씀 앞으로 나아가도록 양육의 책임을 다할 것을 당부했다. 또한 "열심을 다하여 종종 그의 가족에게 성경을 가르쳐 개인과 환경에 맞게 적용할 수 있도록" 해야 한다(창 18:19; 수 24:15 참고).[55] 아버지는(아버지가 할 수 없으면, 어머니는) 가정 예배를 인도하며, 가족의 구성원으로서 "말씀을 읽고 기도"하는 책임을 도외시해서는 안

---

54. Bunyan, *A Treatise of the Fear of God*, 206; *Works*, 1:485을 보라.
55. Bunyan, *Christian Behaviour*, 39-40; *Works*, 2:555을 보라.

된다.[56] 또한 말씀을 전하면서 인간의 타락, 죄, 사망, 지옥, 십자가에 달리신 구세주, 그리고 믿는 자에게 약속하신 생명에 대해서 반드시 전해야 한다.[57] 뿐만 아니라 가장은 "하나님께서 그들의 영혼을 변화시키실 수 있도록" 가족을 "하나님께 드리는 공 예배"의 자리로 인도해야 한다. 만약에 공 예배를 드리기를 완강히 거부한다면, 경건한 설교자를 가정에 초대하여 예배를 드려야한다.[58] 그리고 가장은 하나님을 두려워하는 한 사람으로서 가정을 다스려야 한다. 마음을 다스리실 수 있는 분은 오직 하나님이시기에 사람은 어쩔 수 없다고 단념해버리는 것이 아니라, 가장은 가정에 있는 아이들이 하나님의 말씀에 순종하여, 밖으로 드러나는 행동에서도 말씀에 기꺼이 따르기를 기대해야 한다. 하지만 무엇보다도 가장 높은 우선순위에 두어야 하는 목적은 하나님께 영광을 올려드리는 것이다. 이 목적을 이루기 위해서 가장은 가정 구성원들의 개인적인 상처에 대해서는 인내를 가지고 사랑으로 대하지만, 동시에 하나님께 공공연하게 드러나는 반항에 대해서는 물러서지 않고 훈계해야 한다. 그렇다고 모든 악행에 대해서 일일

---

56. Bunyan, *Christian Behaviour*, 44; *Works*, 2:556을 보라.

57. Bunyan, *Christian Behaviour*, 56; *Works*, 2:556을 보라.

58. Bunyan, *Christian Behaviour*, 42-43; *Works*, 2:556을 보라.

이 격렬한 분노를 표출하라는 뜻이 아니고, 하나님의 거룩한 이름이 모욕당했을 때조차도 웃어넘기며 아무런 조치를 하지 말라는 뜻도 아니다.[59] 대신에 그가 가르치는 성경 말씀이 "꾸며낸 이야기가 아니라 세상에 있는 어떤 것들보다 훨씬 중요한 실제"라는 것을 알 수 있도록 가족들을 이끌어야 한다는 것이다. 또한 가장은 거룩한 삶을 살아가야 하는데, 그랬을 때 자녀들이 하나님을 생각할 때마다 야곱의 고백처럼 "아버지가 경외하는 하나님이셨다"는 것을 기억할 수 있다(창 31:53 참고).[60]

하나님의 말씀을 읽고 들을 때는 반드시 기도가 동반되어야 한다. 시편 85:11에서 "일심으로 주를 경외하게 하소서"라는 시편 기자의 간구가 바로 나와 당신의 개인적인 간구가 되어야 한다는 것이다. 하지만 믿는 자들은 확신을 가지고 간구를 드릴 수 있다. 그 이유는 "하나님을 두려워하는 것은 전적으로 하나님의 뜻에 있기 때문"이며, "우리가 그의 뜻대로 무엇을 구하면 들으시기 때문"이다(요일 5:14). 번연은 "기도는 마치 흐르는 물을 담는 항아리와 같다"고 했는데, 이어서 다음과 같이 말했다. "기도를 조금밖에 안 하는 사람을 본 적이

---

59. Bunyan, *Christian Behaviour*, 48-49; *Works*, 2:556을 보라.
60. Bunyan, *Christian Behaviour*, 56-57; *Works*, 2:556을 보라.

있습니까? 그 사람은 하나님을 조금밖에 두려워하지 않는 사람입니다. 누군가가 하나님에 대한 두려움이 마음에 크게 자리 잡고 있다면, 그 사람은 위대한 기도의 사람일 수밖에 없습니다."[61]

하나님을 두려워하는 마음이 자라도록 구하는 그리스도인들은 아무런 열정도 없이 무미건조한 태도로 임해서는 안 된다. 세상은 하나님을 두려워하는 기독교인들을 비웃을 뿐만 아니라, 연약한 것으로, 건강하지 못한 사람이 가진 전형적인 모습으로 바라볼 뿐이다. 그럼에도 불구하고 여호와를 두려워함을 부끄러워해서는 안 된다. 번연은 신자를 가리켜 하나님을 두려워하는 것에 자신을 "헌신하는" 사람이라 불렀으며, 심지어는 반복된 헌신으로 "그것에 중독된 사람"이라고까지 했다. 당부의 말을 끝으로 본 장을 마치고자 한다. 하나님을 묵상함으로, 그분의 이름과 말씀을 경외하여 소중히 여김으로 평안과 기쁨을 찾으십시오. 그리고 그를 예배하십시오. "그러면 당신은 두려워하게 될 것이고, 두려움의 은혜가 충만해질 것입니다."[62]

---

61. Bunyan, *A Treatise of the Fear of God*, 212; *Works*, 1:486을 보라.
62. Bunyan, *A Treatise of the Fear of God*, 209; *Works*, 1:485을 보라.

7
말씀 앞에서 떨림으로

번연의 저작 중 가장 유명한 이야기인 『천로역정』에서의 크리스첸의 순례 여정은 "한 손에 책과 등에는 대단히 무거운 짐"을 지는 것으로 시작한다. 이 여정은 희망에 가득 찬 크리스첸이 죽음의 강을 건너기에 안간힘을 쓰며 다음과 같이 말하는 것으로 마무리된다. "내 형제여, 그대는 말씀을 상당히 잊어버리고 말았군요." 그러면서 성경 구절을 인용한다.[1] 처음부터 끝까지, 번연이 그린 크리스첸의 인생에 대한 비전은 성경을 중심으로 돌아간다. 마찬가지로 그리스도인은 성경이 없이는 두려움으로든, 두려움 없음으로

---

1. John Bunyan, *The Pilgrim's Progress from This World, to That Which Is to Come*, 3rd ed. (London: Nath. Ponder, 1679), 1, 275; *Works*, 3:12, 163-64을 보라.

든 경건의 길을 걸어갈 수 없다.

성경은 경건한 두려움과 아주 가깝게 연결되어있다. 이 두려움은 실제로 시편 19:9에서 "여호와를 경외하는 도(길)"라고 불리는데, 이어지는 구절에서 세상의 다른 길과 비교된다.[2] 하나님의 말씀은 "크리스천이 두려워하는 대상"임과 동시에 "우리가 가지는 두려움의 원리와 통치자"이다. 왜냐하면 우리는 "말씀의 지시와 방향 없이는 하나님에 대해 안전하게 두려워하는 방법을 알 수 없기 때문"이다.[3] 하나님께서는 여호와 경외하기를 가르치시기 위하여 우리에게 말씀을 주셨다(신 6:1-3, 24 참고). 또한 그의 말씀 앞에서 두려움에 떠는 자들에게 은혜를 베푸신다(대하 34:26-27; 스 9:4; 10:3; 사 66:2, 5 참고).[4] 누군가가 어떻게 말하고, 어떻게 행동하든지, 경건한 사람은 언제나 하나님의 말씀을 경외하는 마음으로 굳게 서 있다(시 119:161 참고).[5] 무엇이 성경을 거룩한 두려움의 책으로 만드는가? 또한 이러한 점은 그리스도인들이 성경을 읽고 설교하는 데 어떤 영향을 끼치는가?

---

2. John Bunyan, *A Treatise of the Fear of God* (London: N. Ponder, 1679), 22; *Works*, 1:44을 보라.

3. Bunyan, *A Treatise of the Fear of God*, 22-23; *Works*, 1:442-43을 보라.

4. Bunyan, *A Treatise of the Fear of God*, 24-26; *Works*, 1:443을 보라.

5. Bunyan, A *Treatise of the Fear of God*, 109; *Works*, 1:462을 보라.

위엄으로 충만한 여호와의 음성

무엇이 성경을 두려운 책으로 만드는가? 하나님은 성경의 저자되신다. 번연은 성경을 사람의 말이 아닌 하나님의 말씀으로 받았다. 선지자들과 사도들은 "신령한 영감에 의하여 말씀을 전했다."[6] 또한 번연은 "모든 성경은 하나님의 말씀으로 되었다"고 말했다(딤후 3:16; 벧후 1:21 참고).[7] 성경은 "주께서 말씀하시느니라"라며 스스로 선포하고 세상에 울려 퍼진다. 그러므로 하나님의 위엄은 말씀 가운데서 우리에게 우레와 같이 임한다. 번연의 저서 중 한 서론에는 다음과 같이 강력한 메시지가 담겨있다. "왕의 말은 마치 사자의 부르짖음 같고, 왕의 말이 들리는 곳에는 그의 권능이 있으며, 위대하신 하나님께서 시온에 부르짖으시고, 예루살렘에 목소리를 내시니 하늘과 땅이 진동하리라. 여호와의 소리는 힘이 있음이며, 여호와의 소리는 위엄차시다"(잠 19:12; 전 8:4; 욜 3:16; 시 29:4 참고).[8] 하지만 하나님께서 직접 말씀하시는 바를 듣기를 소망하는

---

6. John Bunyan, *A Few Sighs from Hell, Or, The Groans of a Damned Soul* (London: by Ralph Wood, for M. Wright, 1658), 139; *Works*, 3:707을 보라.

7. John Bunyan, A *Confession of My Faith, and A Reason of My Practice* (London: Francis Smith, 1672), 43; *Works*, 2:601을 보라.

8. Bunyan, *A Treatise of the Fear of God*, 26-27; *Works*, 1:443을 보라.

이들에게 번연은 "성경이 말하는 진리는 하나님께서 하늘로부터 구름을 통과하여 당신에게 직접 말씀하시는 것과 동일한 실제성을 가진다."라고 말했다.[9]

성경의 위엄은 "진리성"Truthfulness과 "무오성"Inerrancy에서 빛이 난다. 번연은 성경이 "두려운 말씀이라 불리는 이유는 성경의 진리와 신실함 때문"이라고 말했다. 또한 그리스도께서도 성경을 폐하지 못한다고 말씀하셨다(요 10:35 참고). 성경은 "진리의 글"이며, "하나님의 참되신 말씀"이다(단 10:21; 계 19:9). 성경의 일점일획조차도 하늘과 땅보다 영원하다(시 119:89; 마 5:18; 24:35 참고).[10] 그리고 성경은 폐하여지지 않을 뿐만 아니라, 인간을 향해 성경이 선포하는 구원과 벌을 포함한 모든 예언과 경고와 약속은 반드시 성취될 것이다(요 10:35; 갈 3:8; 행 13:40-41 참고).[11] 그는 겨우 인간의 판단에 그의 양심을 굴복하지 않을 것이지만, "성경에 의해서는 판단 받을 것이다. 왜냐하면 성경은 틀리지 않으며, 실수를 범하지 않을 것을 확신하기 때문"이다.[12] 그는 이어서 "성경은 하나님의 말

---

9. Bunyan, *A Few Sighs from Hell*, 202; *Works*, 3:720을 보라.

10. Bunyan, *A Treatise of the Fear of God*, 28; *Works*, 1:443을 보라.

11. Bunyan, *A Confession of My Faith*, 44-45; *Works*, 2:601을 보라.

12. John Bunyan, *Relation of the Imprisonment of Mr. John Bunyan* (London: James Buckland, 1765), 36; *Works*, 1:59을 보라.

씀이기 때문에, 내가 말씀을 인용했을 때도 틀림없는 하나님의 말씀이다"라고 말했다.[13] 또한 사도들은 "성령으로 입혀졌으며, 그렇기 때문에 교리에 관해서 그들은 틀릴 수 없었고, 실수를 범하는 것도 불가능했다. 따라서 교리를 멸시하는 것은 곧 하나님을 멸시하는 것과 같았다.[14]

그 어떤 권위도 하나님보다 높을 수 없기 때문에 하나님의 말씀 그 자체가 말씀의 증거이며, 증명이다. 번연은 "참 믿음은 무엇을 믿든지 그 믿음에 대한 정확한 근거를 동반한다"고 말했다. 그 증거는 결코 실수하지 않으시는 하나님의 말씀 그 자체이다. 하나님을 믿는 믿음이 오직 그리스도만이 하나님께로 가는 길임을 믿는 믿음인 이유는 "하나님의 말씀이 그렇다"라고 하기 때문이다. 그러므로 구원을 이루는 믿음은 결코 약한 것이 아니라 사람들을 움직이게 하는 강력한 능력이다. "믿음은 말씀 안에서 하나님의 음성을 근거로 한다."[15]

---

13. John Bunyan, *A Discourse upon the Pharisee and the Publicane* (London: Joh. Harris, 1685), 94; *Works*, 2:245을 보라.

14. John Bunyan, *The Holy City: or the New Jerusalem* (London: J. Dover, 1665), 91-92; *Works*, 3:417을 보라.

15. John Bunyan, *Christ a Compleat Saviour: Or the Intercession of Christ, and Who Are Privileged in It*, in *Works* (1692), 391; *Works*, 1:228을 보라.

성경은 우리의 믿음의 유일하고 견고한 기초이다. 번연의 가르침은 그가 개혁주의 전통 안에서 다른 설교자들과 저자들에게서 배웠다는 사실을 잘 나타낸다. 그럼에도 불구하고 번연의 가르침의 궁극적이고 결정적인 권위는 성경이었다. 그는 그의 독자들에게 다음과 같이 호소했다. "공판을 열어 성경 앞으로 저를 데려가십시오. 만일 거기서 성경의 기준에서 벗어난 것이 있다면, 제 말을 듣지 않으셔도 좋습니다. … 저는 모험담을 [임의로, 아니면 정당한 이유 없이] 써오지 않았습니다. 가르침을 도서관에서 가지고 온 것도 아닙니다. 저는 사람의 말에 의지하지도 않았습니다. 저는 진리의 말씀인 성경에서, 하나님의 참되신 말씀 가운데서 찾은 것입니다."[16]

어떤 이가 말씀을 대하는 태도는 곧 그가 하나님을 대하는 태도를 말해준다. 하나님의 말씀을 믿는다는 것은 곧 하나님께 예배를 드리는 것이다(행 24:14 참고).[17] 번연은 다음과 같이 조언했다. "당신의 양심을 늘 말씀의 권위와 가깝게 두시길 바랍니다. 율법을 전능하시고 영화로우신 하나님의 계명

---

16. John Bunyan, *Light for Them that Sit in Darkness: Or, A Discourse of Jesus Christ*의 서문 (London: Francis Smith, 1675), A3-A4r; *Works*, 1:392을 보라.

17. John Bunyan, *Instruction for the Ignorant* (London: Francis Smith, 1675), 34; *Works*, 2:683

과 같이 두려워하십시오. 사랑이 많으시고 측은히 여기시는 [긍휼이 충만하신] 아버지의 계명과 같이 두려워하십시오."[18]

번연은 성경을 자주 읽는 것이 유익하다고 믿는다. 일찍이 번연은 베일리Bayly가 그의 저서인 『경건의 실천』*The Practice of Piety*에서 해마다 성경을 경외함을 가지고 쉽고 유익하게 읽는 방법에 대해 했던 조언대로 진지하게 마주했었다.[19] W. R. 오웬스W. R. Owens는 번연이 성경의 본문을 통독할 때 "단순 읽기"가 아니라 "상당히 남다른 몰입성과 흡수력"이 필요로 하다는 것을 언급했음을 기록했다.[20] 번연은 거의 일정한 흐름으로 성경적인 내용을 인용하고 성경적인 암시를 그의 글에 담아 체계화 시켰다. 그의 인용은 대부분 흠정역 Authorized Version(1611년 킹 제임스 버전)에서 사용했지만, 제네바 성서Geneva Bible(1560)에 대한 지식도 있었음을 보였다.[21] 간혹 윌리엄 틴들William Tyndale의 번역본(약 1536년)을 언급하기

---

18. Bunyan, *A Treatise of the Fear of God*, 206; *Works*, 1:485을 보라.
19. Cited in W. R. Owens, "John Bunyan and the Bible," in *The Cambridge Companion to Bunyan*, ed. Anne Dunan-Page (Cambridge, UK: Cambridge University Press, 2010), 42.
20. Owens, "John Bunyan and the Bible," 49.
21. Bunyan, *Works*, 1:395, 494,513,694; 2:88, 152, 377, 438; 3:406, 485, 710.

도 했다.²² 찰스 스펄전은 번연을 가리켜 성경을 잘 소화하고, 그것을 자신의 가장 내적인 면에까지 취했던 위대한 인물이라고 평하며, 다음과 같이 썼다. "그의 모든 저서를 읽고 나면, 당신은 마치 성경 자체를 읽고 있다는 것을 깨달을 것입니다. … 그는 자신의 영혼이 성경에 흠뻑 젖을 때까지 말씀을 묵상했습니다. … 그를 찌를 수 있다면, 그가 흘리는 피는 성경 자체일 것이며, 성경의 진수가 그에게서 흘러나올 것입니다."²³

성경을 읽을 때 큰 기대를 가지고 읽어야 한다. 번연은 디모데후서 3:16을 인용하면서 다음과 같이 말했다. "다음 단락에 밑줄을 그으십시오. '모든 성경은 … 유익하니'에서 '모든'에 주목하십시오. 당신이 여러분이 어디에 있든지, 어떤 곳에서 있든지 항상 기억하시길 바랍니다."²⁴ 예를 들어 부연설명을 하자면, 지금은 구약의 옛 언약의 의식법을 더 이상 행하지는 않지만, 그러한 것조차도 여전히 신자들에게 "아주 유익하다." 의식법은 그리스도께서 대제사장으로서 행하신 사

---

22. John Bunyan, *The Acceptable Sacrifice: Or the Excellency of a Broken Heart* (London: George Larkin, 1689), 45; *Works*, 1:695을 보라.

23. C. H. Spurgeon, "The Last Words of Christ on the Cross," sermon 2644, in *The Metropolitan Tabernacle Pulpit* (1899; repr., Pasadena, TX: Pilgrim Publications, 1977), 45:495.

24. Bunyan, *A Few Sighs from Hell*, 140; *Works*, 3:708을 보라.

역과 희생에 대해서 나타낸다. 이러한 이유에서 번연은 "저는 여러분이 모세 오경을 자주 묵상하시길 권합니다."라고 말했다.[25] 번연의 이야기에는 하나님의 말씀을 형상화한 장면이 많이 등장한다. 성경은 아름다운 하나님의 성전이라는 궁전에서 하는 "공부"이다. 그곳에는 "순례자들에게 안식과 위로를 주기" 위해 기록된 하나님의 아들과 그의 백성들에 관하여 "아주 오래되고 가장 위대한 유물들"이 보존되어 있다.[26] 성경은 진리를 위한 용맹한 검이다. 그는 악한 자들과 타락한 천사들의 유혹에 맞서는 강력한 무기인 "예루살렘이라는 칼날을 휘두르는데," 그날은 결코 무뎌지지 않는다.[27] 또한 성경은 천상의 도시를 가리키는 "지도"이기 때문에 순례자들은 길을 잃어버리지 않을 것이다.[28]

성경은 신자들에게 천국 진리에 대한 영적 비전을 갖게 한다. 또한 하나님의 말씀은 초자연적 거울이다. 성경은 우리

---

25. Bunyan, *Christ a Compleat Saviour*, in *Works* (1692), 400; *Works*, 1:238을 보라.

26. Bunyan, *The Pilgrim's Progress*, 83-84; *Works*, 3:110을 보라.

27. John Bunyan, *The Pilgrim's Progress, From This World to That Which is to Come: The Second Part* (London: Nathaniel Ponder, 1684), 192; *Works*, 3:233을 보라.

28. Bunyan, *The Pilgrim's Progress* … *The Second Part*, 202; *Works*, 3:236을 보라.

의 죄 가운데 우리 스스로를 보여주며, 그분이 행하신 일과 영광을 통하여 우리가 하나님을 뵙게 한다.

> 성경은 읽고 있는 사람의 모습과 정확하게 일치하여, 그 사람이 가고 있는 길을 알려준다. 하지만 이내 다른 길로 변하여, 순례자들의 왕자, 그분의 모습과 흡사한 바로 그 얼굴을 나타낸다. 나는 참으로 그들과 이야기 해왔다. 그들은 유리[거울]를 통하여 그의 머리에 씌워진 가시관을 보았다고 말한 이들이다. 또 그들은 그의 손과 발에 구멍을 보았다고 말한 이들이다. 그 유리는 매우 탁월한 점이 있었다. 그가 살아계실 때나, 돌아가셨을 때나. 그가 땅에 계실 때나, 천국에 계실 때나. 그가 비하의 상태일 때나, 승귀의 상태일 때나. 그가 고난을 당하러 오실 때나, 통치하시기 위해 오실 때나. 유리[거울]는 그를 보고자 하는 마음이 있는 사람에게 그를 보여줄 것이다.**29**

윗글은 성경이라는 거울에서 나타낸 광경을 묘사한 글이다. 이러한 신령하고 아름다운 광경을 통하여 믿은 영혼들이 성경의 모든 가르침을 선하고 귀한 것으로 여기게 한다. 번연

---

29. Bunyan, *The Pilgrim's Progress … The Second Part*, 187-88; *Works*, 3:231을 보라.

은 "성경 말씀이 그 안에 복된 아름다움을 담고 있기 때문에, 말씀을 믿는 자들의 마음과 영혼을 취하여 사랑에 빠지게 하고, 말씀을 사모하게 한다."고 말했다.[30]

번연은 경건한 삶을 영위하기 위해 성경은 필수적이라고 믿었다. 우리는 오직 말씀의 권위로 하나님께서 무엇을 선하다고 여기시는지를 알 수 있다. 번연은 다음과 같이 말했다. "앎이 없는 열정은 마치 기개가 출중하지만[기운이 좋지만] 눈이 없는 말과 같으며, 미치광이의 손에 있는 칼과 같습니다." 하나님의 말씀 없이는, 우리에게는 지혜도 없다(사 8:20 참고).[31] 사탄은 사람이 성경을 별것 아닌 것으로 취급하며, 그들 스스로의 생각과 마음에 있는 것에 의지하여 살도록 부추긴다.[32] 그 누구도 하나님께서 보이신 섭리 가운데서 주어진 상황과 기회만을 근거로 무엇이 옳은지 그른지 결정할 수 없다. 유일하게 안전한 길은 하나님의 말씀을 따르는 길이다.[33]

---

30. Bunyan, *A Few Sighs from Hell*, 203; *Works*, 3:720을 보라.

31. John Bunyan, *Christian Behaviour; Being the Fruits of True Christianity*, 3rd ed. (London: F. Smith, (1690]), 30; *Works*, 2:554을 보라.

32. John Bunyan, "The Author to the Reader," in *Some Gospel-Truths Opened* (London: J. Wright, 1656), C7v; *A Few Sighs from Hell*, 151; *Works*, 2:136; 3:710을 보라.

33. John Bunyan, *Exposition on the Ten First Chapters of Genesis, and Part of the Eleventh*, in *Works* (1692), 59; *Works*, 2:482을 보라.

번연은 지금까지 나누었던 신학 개념들 중에 그저 몇몇을 자신의 신앙에 더하여 살아가는 사람이 아니었다. 그는 성경이 삶과 모든 만물을 해석하고, 사용하는 언어를 형성하는 세계, 어떤 학자가 "성경으로 규정한 세계"라고 부르는 그곳에 자신을 심어 살아갔던 것이다.[34]

번연은 인류를 영적인 것으로 인도하는 데 성경으로 충분하다고 확신했다. 그는 한 사람의 구원에 관하여 다음과 같이 말했다. "크리스천, 당신은 당신의 감각이나 느낌을 따르는 것이 아니라 바로 하나님의 말씀을 따라야합니다. … 당신은 하늘과 땅에 있는 성도들이나 천사들의 말보다 기록된 복음의 말씀 한 음절, 한 음절을 더 많이 신뢰해야 합니다."[35] 데이빗 칼훈David Calhoun은 번연이 "규정적 원리the regulative principle" 즉, 우리는 성경에서 말씀하고 있는 것을 넘어서는 예배와 교리를 정하여 세울 수 없다는 원칙을 따른다고 말했다.[36] 말씀은 곧 그 자체가 "예배의 규칙"이기 때문에, 인간의

---

34. John R. Knott Jr., "'Thou must live upon my Word': Bunyan and the Bible," in *John Bunyan: Conventicle and Parnassus; Tercentenary Essays*, ed. N. H. Keeble (Oxford: Clarendon Press, 1988), 159.

35. John Bunyan, *The Doctrine of the Law and Grace Unfolded* (London: M. Wright, 1659), 328; *Works*, 1:562을 보라.

36. David B. Calhoun, *Grace Abounding: The Life, Books, and Influence of John Bunyan* (Ross-shire, UK: Christian Focus Publications, 2005), 170.

전통으로 예배를 대체하는 것은 하나님으로부터 한없이 멀어지는 행위인 것이다.[37]

하나님의 말씀을 대신할 인간의 지혜란 존재하지 않는다. 번연은 다음과 같이 말했다. "성경은 인간의 발명이 더하여지지 않아도 그 자체로 가능케 합니다." 하나님의 종들을 완전하게 무장시키며, 잃어버린 자들을 예수 그리스도 안에 있는 믿음으로 말미암아 구원에 이르는 지혜가 임하게 하며, 사람들에게는 하나님께 예배하는 법과 다른 사람들을 의로움으로 대하는 법을 가르친다(딤후 3:15, 17 참고).[38] 또한 그는 다음과 같은 글을 남겼다. "하나님의 거룩한 사람들에 의해 선포된 성경은 하나님의 사람들이 열변을 토하며 설교한 말씀을 확신을 가지고 틀림없이 믿으며, 그 말씀에 다가가는 이들을 구원에 이르도록 가르치는 데 충분한 원리입니다." 그리스도께서는 사람들에게 하늘로부터 기적적으로 내려온 방문자가 필요한 것이 아니라고 가르치시면서, "그들에게 모세와 선지자들이 있으니 그들에게 들을지니라"라고 말씀하셨다(눅 16:29). 성경은 무지한 자든지, 하나님의 율법을 지키지 않는 자든지,

---

37. John Bunyan, *The Jerusalem Sinner Saved: Or, Good News for the Vilest of Men* (London: George Larkin, 1689), 4; *Works*, 1:69을 보라.

38. Bunyan, *A Confession of My Faith*, 43; *Works*, 2:601을 보라.

교정이 필요한 자든지, 흔들리는 자든지 상관없이 "심령이 가난한 영혼이라면 누구에게든지 도움을 줄 뿐만 아니라, 온전하게 할 것이며, 몇 가지를 행할 능력이 아닌, 모든 선한 일을 행할 능력을 갖추게 한다."[39]

따라서 사람들은 "성경에서 답을 찾아야 한다." 그 사람이 받아들일 마음만 있다면, "믿음과 경건에 필요한 하나님의 일들에 대한 완전한 가르침을 사람에게 줄 수 있기 때문이다."[40] 하지만 번연은 성경은 예수 그리스도에 대하여 증언하는 것이기 때문에 그리스도께서 하신 "실제적인 적용"을 당신의 영혼 가운데 하려는 의도가 없다면 성경을 공부하지 말 것을 경고하였다(요 5:39 참고).[41]

번연은 하나님의 말씀에 대한 경외의 결핍은 마음, 삶, 행동, 교회 등에서 생기는 "모든 혼란"의 원인이 된다고 믿었다. 모든 죄는 "하나님의 말씀으로부터 겉도는 것"으로 시작한다. 그는 잠언 13:13을 인용했다. "말씀을 멸시하는 자는 자기에게 패망을 이루고 계명을 두려워하는 자는 상을 받느니라." 말씀은 나의 생명과 안전이다(시 17:4; 잠 4:20-22 참고). 모

---

39. Bunyan, *A Few Sighs from Hell*, 140-41; *Works*, 3:708을 보라.
40. Bunyan, *A Few Sighs from Hell*, 141; *Works*, 3:708을 보라.
41. Bunyan, *A Few Sighs from Hell*, 148; *Works*, 3:709을 보라.

든 세대마다 악한 자는 말씀을 멸시하고 탐욕과 교만을 쫓지만, 그들은 멸망하게 될 것이며 어리석은 자라 일컬을 것이다(렘 8:9; 44:16).[42] 그들은 성경을 하나님의 말씀으로 믿지 않는다. 왜냐하면, 한편으로는 그들이 성경이 말한 것처럼 하나님의 진노와 벌을 받을 정도로 원래 악한 죄인이라고 그들 스스로 생각하지 않기 때문이며, 다른 한편으로는 세속적인 종교의 교사들이 그들의 귀를 헛된 철학과 속임수로 사로잡기 때문이다(골 2:8 참고). 그들이 하나님의 말씀을 멸시함으로 하나님의 큰 진노를 샀다.[43]

하나님의 말씀인 성경에 대해 명목적인 신앙을 요구하는 것이 아니다. 번연은 많은 사람이 성경을 "개념적이고 역사적인 부분에 대해 머리로는 동의"하지만 정작 삶으로는 "성경을 부인하고, 거부하고, 무시한다"고 경고했다.[44] 본문이 신령한 능력에 대해서 말할 때, 죄인은 율법으로 말미암아 죽지만(고후 3:6; 롬 7:9 참고), 복음으로 말미암아 죽음에서 새 생명으로 일어나며, 안식을 얻는다(요 6:63 참고).[45] 따라서 그들에게 그리

---

42. Bunyan, *A Treatise of the Fear of God*, 29-31; *Works*, 1:444을 보라.

43. Bunyan, *A Few Sighs from Hell*, 177-79, 183; *Works*, 3:715-16을 보라.

44. Bunyan, *A Few Sighs from Hell*, 194; *Works*, 3:718을 보라.

45. Bunyan, *A Few Sighs from Hell*, 195-200; *Works*, 3:718을 보라.

스도에 대해 밝히는 진리는 "귀하고 탁월할" 뿐만 아니라(벧전 1:8), 그들은 하나님의 말씀인 성경을 두려움과 경외로 대한다.**46**

성경이 하나님의 말씀이라고 진짜 믿는다면, 우리는 말씀에 순종하고자 하는 의지가 반드시 있어야 하며, 누군가가 말씀에 맞섰을 때 분명하게 진리를 선포해야 한다. 번연은 "이러한 사실은 세상의 쾌락이나 위협으로 인해 하나님에게서 멀어지고, 하나님의 말씀에 순종하지 않는 사람들과 같이 하나님의 말씀보다 사람의 말과 세상의 것을 더 중하게 여기는 중심을 꾸짖는다."라고 기록했다. 성경에 하나님의 권위가 있다는 것을 아는 것만으로는 충분하지 않다. 말씀에 따르기 위해서는 세상에 맞설 각오를 해야 한다. 그렇지 않으면 그리스도의 말씀이 그대로 이루어질 것이다. "누구든지 이 음란하고 죄 많은 세대에서 나와 내 말을 부끄러워하면 인자도 아버지의 영광으로 거룩한 천사들과 함께 올 때 그 사람을 부끄러워하리라"(막 8:38).**47**

말씀의 주제가 죄인들의 영원한 종말에 관한 것이기 때문에 두렵다. 성경은 "영원한 영광"과 "영원한 불"이라는 단어

---

46. Bunyan, *A Few Sighs from Hell*, 201-2; *Works*, 3:720을 보라.

47. Bunyan, *A Treatise of the Fear of God*, 31-32; *Works*, 1:444을 보라.

를 써가며 사람이 성경을 어떻게 대하였는가가 그 사람의 마지막 날을 결정한다고 말한다(요 12:48 참고). 그렇기 때문에 우리는 말씀 앞에서 두려워 떨 수밖에 없으며, 오직 말씀만이 우리가 하나님을 기쁘시게 하도록 인도한다.[48] 하나님께서는 이미 선포하신 거룩한 말씀을 폐하시는 것보다, 그분의 말씀대로 수많은 영혼을 지옥으로 떨어뜨리신다. 그렇기 때문에 말씀이 명하시는 것처럼 당신의 영혼이 예수 그리스도와 온전히 연합하기 전까지는 안도할 수 없다.[49] 다른 한편으로는, 하나님의 말씀의 신실하심은 온전하며, 말씀의 전능하심은 죄인들을 구원하신다. 이는 그리스도의 말씀이다. 임마누엘 왕자가 맨소울에 있는 반역하는 마을에 다다르셨을 때 다음과 같이 선포하셨다. "나의 모든 말은 진리이며, 나는 구원을 베풀 전능자이니라"[50] 하나님의 말씀은 죄인들에게는 소망이자 설교하는 자들에게는 확신이다.

당신은 성경을 하나님의 말씀으로 받는가? 그렇게 하기 위해서는 말씀의 신실하심에 대한 믿음과 말씀을 대할 때 신

---

48. Bunyan, *A Treatise of the Fear of God*, 27-28; *Works*, 1:443을 보라.

49. Bunyan, *A Few Sighs from Hell*, 153; *Works*, 3:710을 보라.

50. John Bunyan, *The Holy War, Made by Shaddai upon Diabolus … Or, the Losing and Taking Again of the Town of Mansoul* (London: Nat. Ponder, 1696), 101; *Works*, 3:289을 보라.

뢰와 두려움이라는 마음의 상태가 수반되어야 한다. 말씀을 묵상할 때 주님의 음성이라는 것을 정말이지 확실하게 알아야 한다. 또한 하나님의 말씀에 대한 설교를 들을 때도 심판자이자 구원자이신 하나님께서 말씀하고 계신 것을 분명히 알아야한다. 그리고 만약 당신이 설교자라면, 거룩한 왕의 전령으로서 말씀을 선포해야 한다.

두렵고 떨림으로 말씀을 선포

번연의 하나님께 대한 거룩한 두려움은 그가 말씀 사역을 감당할 때 나타나는 그의 자세에 깊게 베여 있었다. 이러한 점을 우리는 『천로역정』에서 확인할 수 있다. 크리스천은 구원의 좁은 길로 향하는 문을 통과한 직후에 해설자의 집에 들어갔다. 이 지혜로운 교사(성령 하나님을 상징)[51]는 순례자를 벽

---

51. 해설자의 행동은 그가 성령 하나님이신 것을 나타낸다. 크리스천에게는 그를 위해 촛불을 켜는 이가 있었다. 난외주에는 그를 "조명"이라고 칭하였다(『천로역정』, 37; Works, 3:98을 보라). 그의 집은 영적 진리에 대한 이미지로 가득하여 마치 성경과 같았다. 『천로역정』 2부에서 해설자는 순례자들에게 목욕을 권했으며(난외주: "성화의 목욕"), 그의 인장으로 표하였다. 순례자들의 목자인 "담대한 이"는 해설자의 종이었으며, 그를 "내 주"라 불렀고, 그의 명령을 따랐다(The Pilgrim's Progress … The Second Part, 51-53, 71,92; Works,

에 아주 근엄한 인물이 그려져 있는 방으로 들여보냈다. 번연은 그 그림을 다음과 같이 묘사했다. "그의 눈은 천국을 향했습니다. 손에 들려져 있는 것은 성경이었는데, 입술에는 진리의 율법이 새겨져 있었습니다. 그의 등 뒤로는 세상이 있었고, 그는 마치 사람들에게 간절히 호소하고 있는 것처럼 보였습니다. 그리고 그의 머리에는 금으로 된 관이 씌워 있었습니다."[52] 이 비범한 사람은 나중에 영적 아버지, 이상적인 모습의 가진 선한 목자로 묘사되는데, "그는 당신이 가는 어느 곳에서든지 주님께로 인도하도록 권한을 부여 받은 유일한 사람이다."[53] 이후에 크리스티나와 아이들이 크리스천을 따라갈 때 해설자는 그의 종인 "담대한 이"를 검, 투구, 방패와 함께 보내어 그들을 인도하고 보호하게 한다.[54] 담대한 이는 그들에게 예수 그리스도의 인격과 사역에 대해 가르쳤고, 순례길에서 그들에게 위협을 가하는 거인과 맞서 싸웠다. 그리고 전에 그들을 겁먹게 했던 사자들에게 다시 데려가기도 했다.[55]

3:189, 190, 197, 204을 보라).

52. Bunyan, *The Pilgrim's Progress*, 37-38; *Works*, 3:98을 보라.

53. Bunyan, *he Pilgrim's Progress*, 38-39; *Works*, 3:98을 보라.

54. Bunyan, *The Pilgrim's Progress … The Second Part*, 53; *Works*, 3:190을 보라.

55. Bunyan, *The Pilgrim's Progress … The Second Part*, 54-58, 68-69; *Works*, 3:190-91, 195-96을 보라.

하지만 그 역시도 권위("내 주의 명령에")에 순종하는 사람이었으며, 그에게 허락된 것들만을 행하였다.[56]

번연은 목회 사역에 대한 높은 기준을 가지고 있었다. 앞서 인용한 장면들이 나타낸 것과 같이 목회자는 세상의 영광을 버리고 천국 소망을 가진 인도자이며, 하나님의 백성들을 보호하시는 주를 위한 용감한 군사, 그리스도의 복음을 가르치는 교사, 죄인들에게 말씀을 선포하는 열렬한 설교자였다. 번연의 이러한 기준은 성경 말씀과 존 기포드와 존 버튼 같은 목회자와의 개인적인 경험에 의해서 형성되었다. 그렇다고 번연은 사역자를 너무 높게 칭송하지 않았다. 설교자는 그저 하나님의 종일 뿐이며, 하나님의 진리의 전달자일 뿐이다. 설교자는 마치 "구름"과 같다. 구름은 "바다로부터" 물을 흡수해서 세상에 비를 뿌린다. 그와 마찬가지로 "설교자는 하나님으로부터 교리를 받아, 하나님에 대하여 알고 있는 바를 세상에 전할 뿐이다."[57]

번연은 스스로 자신을 사역자의 길로 밀어 넣지 않았고 교회로부터 부름을 받았다. 당시 그는 자신의 죄를 깨닫고 예수 그리스도를 믿기 시작하고 5~6년이 지나서도 여전히 두

---

56. Bunyan, *The Pilgrim's Progress* ··· *The Second Part*, 71; *Works*, 3:197을 보라.
57. Bunyan, *The Pilgrim's Progress* ··· *The Second Part*, 87; *Works*, 3:203을 보라.

려움과 확신 사이에서 동요하고 있었다. 그럼에도 불구하고 번연에게는 다른 이들의 신앙을 고취하기 위해 성경의 진리를 설명하는 능력이 있었다. 그러한 번연의 능력을 원숙한 성도들이 알아보았고, 그들은 교회 회의가 열렸을 때 번연에게 "훈계의 말을 전해 달라"고 강력하게 부탁하였다. 부탁을 받은 번연은 두렵고 나약한 마음이 들었지만, 개인이 주체하는 두 번의 모임에서 말씀을 전했고, 좋은 피드백을 받았다. 그들은 번연을 시골 지역으로 전도 여행에 데려가 또다시 권면의 말씀을 전하게 했고, 그때 청중을 형성하게 되었다. 마침내 교회는 기도와 금식 후에 번연을 공적 예배를 통하여 대중에게 말씀을 설교하도록 임명하였다.[58]

번연은 "가장 변변치 못한 사람"이라 생각했고, "자기 자신의 약함을 보면서 엄청난 두려움과 떨림"으로 설교하였다. 한편 그는 "성도 섬기기로 작정한 줄을 너희가 아는지라"(고전 16:15)라는 성경의 가르침과 폭스의 『순교자 열전』(*Foxe's Acts and Monuments, Foxe's Book of Martyrs*로도 알려져 있다)에서 증언하는 신실한 자들의 모습을 통하여 자신감을 얻을 수 있었다. 그는 자신의 설교를 가리켜 잃어버린 죄인들을 향한 긍

---

58. John Bunyan, *Grace Abounding to the Chief of Sinners*, 8th ed. (London: Nath. Ponder, 1692), 136-38; *Works*, 1:40-41을 보라.

효과, 그들의 죄를 일깨우는 경고가 그리스도로 연결되는 하나의 혼합체라 설명하였다.[59] 그의 설교는 자신의 마음속에서 일어나는 하나님에 대한 두려움의 경험으로 강하여졌다. 그는 "내가 느끼는 바를, 내가 쓰리도록[고통스럽도록] 느끼는 바를, 심지어 나의 가난한 영혼이 신음하며 경악하여 떨리는 바를 설교합니다."라고 말했다. 그는 불신자들을 내려다보며 지옥의 불을 연상케 하는 설교를 하는 사람이 아니라 "자신의 양심에 불"을 가진 채 살아가는 설교자였다.[60]

번연은 이와 같이 2년 동안 설교를 계속하면서 주님께서는 그에게 "그리스도를 통하여 평강과 안식"을 더욱 허락하셨다. 그에 따라 설교도 변화했다. 여전히 자기 의를 허물며 설교하면서도, 예수 그리스도 안에서 더욱 거하면서 그의 임재와 은혜를 누렸다. 이후, 하나님께서는 그리스도와의 연합 교리에 대해서 그에게 가르쳐주셨다. "죄," "그리스도," "그리스도와의 연합"이라는 세 가지 포인트는 그가 감옥에 갇히기 전까지 설교의 주된 주제였다. 그는 결코 이론적인 설교자가 아니었다. 성경적 교리에 성경적 경험을 겸비한 설교자였다. 이 모든 것을 통하여, 번연은 "나는 내가 보고 느낌 바를 설교

---

59. Bunyan, *Grace Abounding*, 139-40; *Works*, 1:41을 보라.
60. Bunyan, *Grace Abounding*, 142; *Works*, 1:41을 보라.

하였습니다."라고 말할 수 있었다.[61] 이와 같이 번연의 설교는 신령한 것의 실제, 즉 하나님에 대한 믿음과 두려움이 듣는 이들의 영혼에 임한다는 것을 지각하는 강력한 능력의 설교의 모범이 되었다.

신실한 설교자라면 신령한 진리의 실제를 나타내는 자로서 사람들을 따뜻하게 하고 위로를 줄 수 있어야 한다. 『천로역정』에서 크리스천과 소망Hopeful은 기쁨의 산맥Delectable Mountains으로 갔다. 그곳에서 몇 명의 목자들을 만났는데, 그들은 임마누엘 왕자를 위하여 기꺼이 목숨을 바쳤던 양들을 돌보고 있었다. 번연은 이 목자들을 하나님의 진리의 선생들이라고 칭하며 다음과 같이 설명했다. "그러므로 목자들로 인하여 모든 이들이 감추고 있었던 비밀이 드러났다." "지식Knowledge, 경험Experience, 살핌Watchful, 성실Sincere"이라는 이들 각각의 이름은 이들의 성격을 잘 나타낸다. 그들은 순례자들을 이끌고 과실의 언덕Hill Error을 보여주었는데, 그 언덕은 사람들을 죽음에 빠뜨릴 정도로 무척이나 가파른 절벽이었다. 또한 순례자들은 신중의 산Mount Caution에서 절망의 거인Giant Despair에 의해서 눈이 먼 사람들이 길을 헤매는 것을

---

61. Bunyan, *Grace Abounding*, 143; *Works*, 1:41을 보라.

볼 수 있었다. 어떤 경우에는 천성으로 가는 길이 얼마 남지 않았음에도 불구하고, 자신이 그리스도인이라 주장하는 유다와 아나니아와 같은 사람들이 빠져버리고 말았던 지옥으로 가는 문도 볼 수 있었다. 이러한 것들은 순례자들을 두려움에 떨게 했다. 하지만 목자들은 순례자들에게 "투시경"이나 망원경으로 천국의 영광도 보도록 했다.[62] 이와 같이 번연은 목자의 음성이야말로 눈으로는 볼 수 없지만, 성도들에게 영원한 가치와 의미를 가진 영적인 실체를 볼 수 있도록 돕는다고 믿었다.

번연은 청중들이 구원에 이르게 하는 말씀의 능력을 경험할 수 있기를 간절히 바라며 설교했다. 그는 "열심으로 하나님께 부르짖으며" 사람들의 변화를 간구했다. "오, 주여. 오늘 저를 통해서 하신 말씀을 들은 사람들이 저와 같이 죄와 죽음과 지옥, 그리고 하나님의 저주가 무엇인지를 보길 원합니다. 그들이 은혜와 사랑, 그리고 그리스도를 통하여 주시는 하나님의 긍휼이 무엇인지 알기를 원합니다." 번연은 특히 영국 국교회의 고위 성직자들의 반대와 비판에 부딪혔다.[63] 심지어는 예수회Jesuit 수사로, 마녀로, 강도로, 간음한 사람으로, 아

---

62. Bunyan, *The Pilgrim's Progress*, 207–13; *Works*, 3:143-45을 보라.
63. Bunyan, *Grace Abounding*, 144-45; *Works*, 1:42을 보라.

니면 두 아내를 한꺼번에 둔 사람으로 모함을 당하기도 했다. 이러한 비방 속에서도 번연은 무척이나 기뻐했다. 거짓으로 당하는 비난은 진정한 그리스도인이자 하나님의 아들이라는 증거이기 때문이다(마 5:11 참고).[64] 번연은 그가 설교할 때 마치 천사가 그의 뒤에 서서 그에게 용기를 북돋아 주는 듯, 하나님의 권능이 임한 것을 느꼈다. 번연은 그리스도의 복음을 "펼치고, 나타내서 그것이 다른 이들의 양심에 새겨지게 하기 위해 애쓰고 있을 때, 그의 영혼에 임하여진 능력과 천국에 대한 증거"로 설교하였다.[65] 번연의 잃어버린 영혼들에 대한 마음은 그를 가장 어두운 곳으로 인도했다. 그곳은 그리스도를 구주로 믿는다고 고백하는 이가 거의 없는 곳이었다. 그렇기에 번연은 자녀들을 위함 같이 그들의 변화를 갈망했다.[66]

설교자는 많은 유혹에 직면하는데, 설교를 하고 있는 순간에도 그 유혹이 찾아온다. 한번은 그가 설교를 하고 있는 도중에 불경스러운 생각이 들어왔는데, 그 생각을 입 밖으로 내뱉지 않기 위해서 스스로를 억제해야 했던 적이 있었다고 기록했다. 때로는 설교를 시작했지만, 영적으로 침해를 받아

---

64. Bunyan, *Grace Abounding*, 156; *Works*, 1:45을 보라.
65. Bunyan, *Grace Abounding*, 144-45; *Works*, 1:42을 보라.
66. Bunyan, *Grace Abounding*, 148-49; *Works*, 1:43을 보라.

"마치 머리가 취한 것처럼" 느꼈던 적도 있었다. 사탄은 번연이 자신의 죄를 직면하게 하여 성경 말씀으로 설교하는 것을 방해하고자 했다. 하지만 번연은 다른 사람들에게 말씀을 설교하는 그 순간조차도 말씀이 그를 판단하도록 했다.[67]

설교를 할 때 종종 "교만하고자 하는 유혹에 들고 마음이 높아질 때"가 있다. 다행이도 하나님께서는 이러한 유혹들을 몇몇 방법으로 대응하게 하셨다. 번연은 하나님께서 매일같이 "자신의 마음에 있는 악"과 그로부터 발생하는 "수많은 타락과 폐해"를 보여주셨다고 썼다. 또한 은사와 능력은 사랑이 없으면 아무것도 아니라는 말씀을 생각나게 하셨다(고전 13:1-2). 또한 그는 배웠다. 번연은 그의 설교를 그리스도께서 교회를 위하여 연주를 하실 때 사용하시는 "활"이라 보는 법을 배웠다. 한낱 활에 불과한 자신이 교만할 수 있는가? 그는 영적 은사는 폐하여지고 그칠 것이지만 사랑은 언제까지나 떨어지지 않을 것을 기억했다(고전 13:8 참고). 설교를 잘하는 사람도 종국에는 지옥에 갈 수도 있다. 지식과 설교의 은사가 크지 않을지라도 천사들처럼 설교하는 사람보다 은혜가 천배나 더 많을 수 있고, 하나님을 기쁘시게 할 수 있다. 번연은

---

67. Bunyan, *Grace Abounding*, 150-51; *Works*, 1:44을 보라.

다음과 같이 결론 내렸다. "은혜가 있고, 사랑이 있으면, 진정으로 하나님을 두려워함이 모든 은사보다 더 귀합니다."[68]

번연은 교회가 빛을 갈망하는 가운데서, 그리고 심판의 날이 다가오는 가운데서 설교하는 것에 대하여 배웠다. 설교자 스스로가 자신을 바라볼 때 "은사는 자신의 것이 아니라 교회의 것이라는 것을 기억하며 한없이 작은 존재라는 것을 깨닫게 도와주었다. 또한 그렇기 때문에 자신은 교회의 종이라는 것과 종국에는 자신에게 주어진 청지기의 직분을 주 예수께 돌려 드려야하며, 드릴 때 좋은 열매를 맺는 것이 복되다는 것"을 잊어서는 안 된다. 그렇기에 번연은 다음과 같이 기록했다. "은사는 진실로 사모해야합니다. 하지만 은사는 작지만 은혜가 큰 것이, 은사는 크지만 은혜가 없는 것보다 낫습니다." 오직 은혜만이 영광에 이르기 때문이다.[69]

말씀사역에는 위엄이 있다. 하지만 반드시 기억해야하는 것은 목회자의 위엄이 아니라 그가 섬기는 주인의 위엄이라는 것이다. 교회의 목회자들과 성경을 가르치는 교사들을 위해서 기도하십시오. 그들이 주님의 직무를 맡은 청지기와 같이 거룩한 두려움 가운데서 사역할 수 있도록 기도하십시오.

---

68. Bunyan, *Grace Abounding*, 151-53; *Works*, 1:44-45을 보라.
69. Bunyan, *Grace Abounding*, 154-55; *Works*, 1:45을 보라.

또한 그들이 말씀을 주의 깊게 설교하는 것뿐만 아니라 말씀대로 살 수 있도록 기도하십시오. 그리고 만약 당신이 설교자라면, 당신을 위해 두렵고 떨림으로 기도하십시오.

8
하나님을 두려워함으로 얻은 능력을 통한 인내

번연은 인내의 사람이었다. 지금까지 우리가 살펴본 것처럼 번연은 하나님의 말씀을 선포하는 하나님의 부르심 앞에서 타협하기보다 그의 눈썹에 이끼가 낄지언정 감옥에 가기를 원할 것이다.[1] 12년간의 부당한 투옥으로 고통당하고, 또다시 감옥으로 돌아왔다. 그의 입은 침묵을 지켰지만, 그의 펜은 바쁘게 움직였다. 그리고 그리스도에 대한 그의 증거는 저작들 속에서 눈부시게 빛났다. 사악한 사람들은 그의 몸을 가두어 둘 순 있었지만, 그의 영혼까지 묶을 순 없었던 것이다. 그의 고통을 통하여 많은 이들에게 축복이 흘러갔다.

---

1. John Bunyan, "독자에게," in *A Confession of My Faith, and A Reason of My Practice* (London: Francis Smith, 1672), A6v; *Works*, 2:594을 보라.

번연이 마주한 문제들은 그가 전하는 가르침의 깊이와 성숙함을 더했다. 조지 휫필드는 『천로역정』을 읽을 때 "감옥의 냄새"를 맡을 수 있다고 했다. 그처럼 그의 저서는 불타는 용광로와 같은 곳에서 수많은 시험들을 이겨내게 했던 신앙의 향기로 가득 채워진 것이다. 휫필드는 이어서 1767판 존 번연의 작품집Works of Bunyan 서문에서 다음과 같이 설명했다.

> 목회자들은 그들이 십자가를 통과할 때보다 글을 더 잘 쓰거나, 설교를 더 잘 할 수는 없을 것입니다. 왜냐하면 그들에게 그리스도의 영과 영광이 임하기 때문입니다. 이러함이 지난 세기 불꽃처럼 불타고 빛나는 청교도들을 만들었다는 것에 의심할 여지가 없습니다. 검은 바톨로뮤 법Black Bartholomew Act(통일령Act of Uniformity of 1662)에 의해서 쫓겨났을 때나, 그리고 헛간과 들판에서, 도로와 울타리에서 설교했다는 혐의로 내몰렸을 때와 같은 비상한 상황에서도 그들은 언제나 권위를 부여받은 자처럼 설교했고, 기록했습니다. 그들은 비록 죽었지만, 그들의 저서를 통해 지금도 말하고 있습니다. 그리고 바로 이 시각, 그들을 통해 특별한 기름부으심이 임합니다.[2]

---

2. George Whitefield, *The Works of that Eminent Servant of Christ Mr. John Bunyan*, 3rd ed의 서문 (London: W. Johnston, 1767), 1:iii.

목회자든 아니면 다양한 부르심을 받은 그리스도인이든, 혹은 예수를 따르는데 드는 비용을 계산하고 있는 비그리스도인이든, 우리는 모두 하나님을 두려워함으로 인내하는 번연에게서 많은 것을 배울 수 있다. 그리스도인들에게 인내하도록 용기를 북돋기 위해 번연은 하나님을 두려워하는 이들에게 허락하신 하나님의 귀한 위로의 약속을 소개하였다. 그리고 하나님의 은혜가 하나님을 두려워하는 그의 백성들을 지키며, 끝까지 그 약속대로 이룰 것이라고 가르쳤다.

하나님을 두려워하는 사람을 향한 축복의 약속

번연은 다음과 같이 말했다. "이와 같은 두려움의 은혜가 나에게 너무 달콤해서 하나님께서 은혜를 최고 수준으로 허락하시기로 작정하신 것처럼 느껴졌습니다. 마치 어머니의 품 안에 있는 것 같이 하나님께서는 나를 품어주시고 안아주셨습니다. 그 안에서 하나님을 두려워함이 주는 은혜는 점점 강력해져 갔습니다."[3] 주님께서 하신 많은 약속들을 통하여 두려

---

3. John Bunyan, *A Treatise of the Fear of God* (London: N. Ponder, 1679), 183; *Works*, 1:479을 보라.

움의 은혜 가운데 그것을 소유하고 있는 자들에게 기쁨을 나타내신다. 이러한 약속들을 앎으로 신자들이 하나님을 두려워함 가운데서 인내하게 하며, 또한 그 안에서 인내가 자라게 한다.

하나님께서는 하나님을 두려워하는 사람에게 "그들의 하나님되신다는 것"과 구원에 대한 "믿는 믿음의 승인과 확증"을 허락하신다. 시편 115:11은 "여호와를 경외하는 자들아 너희는 여호와를 의지하여라 그는 너희의 도움이시요 너희의 방패시로다"라고 말한다. 번연은 이 약속에 놀랐다. 이 약속은 하나님을 신뢰해야한다는 모든 이들에게 하시는 일반적인 권면을 넘어 하나님을 경외하는 자들을 지목하시어 그들에게 확신을 주시기 때문이다. 번연은 다음과 같이 확신했다. "하나님께서는 그들의 도움과 방패이십니다. 그들의 연약함과 온전하지 못함을 붙드시는 도움이시며, 마귀와 세상의 모든 공격으로부터 그들을 보호하시는 방패이십니다."[4]

하나님께서는 그를 두려워하는 자들에게 구원자가 되실 뿐만 아니라 "가르치는 자와 안내자"가 되어주신다고 약속하셨다. 시편 25:12은 "여호와를 경외하는 자 누구냐 그가 택할

---

4. Bunyan, *A Treatise of the Fear of God*, 134-35; *Works*, 1:468을 보라.

길을 그에게 가르치시리로다"라고 말한다. 그리스도인들이 많은 것들에 대해 무지하며, 바른길로 가지 못하게 하는 악한 자들의 수많은 유혹을 직면할지라도 하나님께서는 영광에 이르도록 인도하시겠다고 약속하셨다. 번연은 주님께서 그를 두려워하는 자와 함께 걸으시고, 교제를 나누심으로 그의 여정을 "달콤하고 즐겁게" 하실 것이라고 말했다.[5] 또한 하나님께서는 그에게 그리스도의 인격과 직분, 백성들과의 관계와 언약을 통하여 나타난(시 25:14 참고) "지혜와 지식의 모든 보화"인 예수 그리스도에 관한 비밀을 알려주실 것이다(골 2:3). 이러한 진리는 믿는 자들의 마음을 황홀하게 할 것이다.[6]

번연은 시편 33:18-19의 약속을 인용하였다.

여호와는 그를 경외하는 자 곧 그의 인자하심을 바라는 자를 살피사

그들의 영혼을 사망에서 건지시며 그들이 굶주릴 때에 그들을 살리시는도다

하나님께서는 누군가가 무엇을 잘못하는지 파헤쳐서, 죄

---

5. Bunyan, *A Treatise of the Fear of God*, 135-37; *Works*, 1:468을 보라.
6. Bunyan, *A Treatise of the Fear of God*, 137-38; *Works*, 1:468을 보라.

로 말미암아 멸망에 이르게 하시기 위해서 살피시는 것이 아니다. 오히려 죽음으로부터, 특별히 영적이고 영원한 죽음으로부터 건져져 기쁨에 거하도록 하기 위해서이다.[7] 하나님께서는 주를 경외하는 자에게 육안으로는 보이지 않는 불병거를 탄 천군천사를 보내어 둘러 진치신다(왕하 6:17; 시 34:7; 히 1:14를 참고). 하나님의 명을 받고 보내진 천사들은 하나님 백성들의 적들의 눈을 멀게 하거나, 공포에 떨게 하거나, 죽일 수 있는 권능을 가지고 있다. 가장 강력한 군주조차도 그들에게 저항할 수 없다(창 19:10-11; 왕하 7:6; 행 12:21-23 참고).[8] 하나님의 구원은 그를 경외하는 자에게 가까우며, 마귀와, 죄와 사망의 모든 권세로부터 보호한다(시 85:9 참고).[9]

또한 하나님께서는 여호와를 경외하는 자들에게 모든 좋은 것에 부족함이 없도록 공급하여 주실 것을 약속하셨다(시 34:9-10 참고). 번연은 신자들이 겪는 고난에 대해 누구보다 잘 알았음에도 불구하고, 이 말씀을 근거로 모든 상황 가운데서 하나님의 자애로운 섭리가 역사할 것을 약속하셨음을 믿었다. 그는 이어서 이와 같이 말했다. "하나님께서 행하신 것이

---

7. Bunyan, *A Treatise of the Fear of God*, 139; *Works*, 1:469을 보라.

8. Bunyan, *A Treatise of the Fear of God*, 141-43; *Works*, 1:469-70을 보라.

9. Bunyan, *A Treatise of the Fear of God*, 141-43; *Works*, 1:470을 보라.

단 하나라도 유익한 것으로 보이지 않는 사람은 하나님을 두려워함이 충분하지 않다고 말할 수 있습니다. 건강이 유익하고 질병도 유익하다면, 부함이 유익하고 궁핍함도 유익하다면, 생명이 유익하고 죽음도 유익하다면, 그 사람은 부족함이 없는 사람입니다."[10]

어떤 이들은 무언가를 바라는 것이 선하지 않다고 말할 것이다. 하지만 번연은 그들에게 하나님의 또 다른 약속을 제시한다. 시편 145:19는 "그는 자기를 경외하는 자들의 소원을 이루시며 또 그들의 부르짖음을 들으사 구원하시리로다"라고 말한다. 이는 실로 왕의 약속이다. 하나님께서는 마음의 모든 소원을 들어주신다고 약속하셨다(시 20:4-5 참고). 하나님을 경외하는 이들의 모든 소원은 궁극적으로 하나님의 영광의 임재 속에서 성취된다. 약속이 성취되기까지 얼마나 오랜 시간이 걸릴지 모른다. 하지만 번연은 "먼저 하나님의 약속 가운데서 살아가는 법을 배우십시오. 그러면 약속을 이루실 하나님을 기쁨으로 기대하는 당신을 발견하게 될 것입니다."라고 말했다.[11] 하나님께서는 "또 여호와를 기뻐하라 그가 네 마음의 소원을 네게 이루어 주시리로다"라고 약속하셨다.

---

10. Bunyan, *A Treatise of the Fear of God*, 140; *Works*, 1:469을 보라.

11. Bunyan, *A Treatise of the Fear of God*, 150-51; *Works*, 1:471을 보라.

그리스도인들은 하나님의 선하심이 바라는 것보다 작을 것이라고 여겨서 염려해서는 안 된다. 정반대의 경우가 사실이다. 번연은 이어서 다음과 같이 말했다. "하나님께서는 우리가 바라는 것, 우리가 이해하는 것, 구하는 것들을 품을 수 있는 우리의 마음 너머에 계십니다. 우리는 한 움큼만 바라지만, 하나님께서는 광활한 바다를 품어다 우리에게 허락하십니다."[12]

하나님을 경외하는 이들에게 하나님께서 약속하신 가장 값진 것은 사랑이다. "여호와의 인자하심은 자기를 경외하는 자에게 영원부터 영원까지 이르며 그의 의는 자손의 자손에게 이르리니"(시 103:17). 번연은 "영원부터 영원까지"를 "하나님의 영원"이라 해석하였다. 그러므로 하나님께서 존재하시는 동안 하나님을 경외하는 이들에게 인자하심이 이르게 될 것이라는 말이다. 또한 하나님의 자녀에게 동일한 "인자하심이 영원토록 지속될 것이라는 약속"이다. 그러므로 번연은 "당신의 죄보다, 당신을 향한 유혹보다, 당신의 슬픔보다, 당신을 박해하는 자들보다 하나님의 인자하심이 오랫동안 지속될 것이라"고 확신했다. 하나님의 사랑은 무한한 약속이다. 그리고 이 약속에 "목에 둘러진 금 목걸이처럼 매달리라"

---

12. Bunyan, *The Desire of the Righteous Granted*, in *Works* (1692), 245-46; *Works*, 1:761을 보라.

라고 독자들에게 촉구한다. "이는 하늘이 땅에서 높음 같이 그를 경외하는 자에게 그의 인자하심이 크시기" 때문이다(시 103:11 참고).[13]

하나님께서는 그의 자녀들에게 무한한 애정으로 마음을 쏟으시고, 자녀들이 연약하기 때문에 받는 고통과 유혹에 공감하신다(삿 10:16; 시 103:13; 사 63:9; 히 2:17-18; 4:15 참고). 그는 아버지이시고, 결코 잊지 않으시는 분이며, 그의 인자에는 실패가 없다(사 49:15; 약 5:11).[14] 주님은 여호와를 경외하는 이들을 기뻐하신다(시 147:11 참고). 하나님께서는 독생자 예수 그리스도와 그의 사역을 기뻐하신 것과 같이, 하나님을 경외하는 이들을 기뻐하신다. 하나님의 기쁨은 하나님의 임재 안에서 기뻐하는 자들이 마시는 복락의 강물이 된다(시 36:8 참고). 하나님께서는 그들로 인하여 기뻐하시며, 이 기쁨은 그들을 아름답게 하시는 것으로 나타난다(시 149:4 참고). 하나님께서는 그들이 모든 길 가운데서 어떻게 그를 기쁘시게 할지를 가르치시며(잠 11:20; 살전 4:1 참고), 또 그들로 인해 "황홀해" 하신다(아 4:9). 그들의 잘못에 오래 참으시며(말 3:16-17 참고), 하나님께 드리는 경배와 지극히 작은 순종을 무척이나 기뻐하신다(막

---

13. Bunyan, *A Treatise of the Fear of God*, 144-46; *Works*, 1:470을 보라.
14. Bunyan, *A Treatise of the Fear of God*, 147-48; *Works*, 1:470-71을 보라.

12:41-44 참고).**15** 그는 우리의 인자하신 아버지시다.

번연은 스턴홀드Sternhold와 홉킨스Hopkins의 시편집에서 시편 128편에 음률을 입힌 구절을 발췌하여 믿는 자들이 하나님의 약속을 찬양하여 서로에게 위로가 될 수 있도록 격려하였다. 다음과 같이 시작한다.

하나님을 경외하는 자들마다 복이 있도다
그의 길을 걷는 자마다 복이 있도다
너는 네 손이 수고한 대로 먹을 지어다
내가 말하노라 너는 형통하리로다.**16**

하나님을 경외하는 것에 대한 번연의 가르침은 모든 선입견에 도전한다. 그는 성경이 말하는 두려움, 사랑, 소망과 기쁨이 서로 어우러져 조화롭게 하였는데, 그러면서 각각의 가치가 훼손되는 것이 아니라 더욱 존귀케 되었다. 여기에는 그

---

15. Bunyan, *A Treatise of the Fear of God*, 151, 152, 153 (매겨진 페이지가 일정하지 않음, sig. L3-L4v); *Works*, 1:471-72을 보라.

16. Bunyan, *A Treatise of the Fear of God*, 156; *Works*, 1:473을 보라. On the psalm, Thomas Sternhold, John Hopkins, et al., *The Whole Booke of Psalmes: Collected into English Meeter* (London: by G. M. for the Company of Stationers, 1644), 85을 보라.

리스도께서 살아계신 하나님의 임재 안에서 그의 백성들에게 허락하신 찬란한 기쁨이 넘치는 두려움과 겸손, 그리고 간절한 소망이 있다. 이는 인간의 영혼을 만족시킬 수 있는 유일하고도 놀라운 조화다. 따라서 우리는 이를 깊게 들이마시면, 수많은 슬픔 가운데 생명을 찾게 될 것이고 능력을 보존하게 될 것이다.

하나님을 경외하는 자들에게 주시는 인내의 약속

하나님을 경외하는 자들을 위로하시는 하나님의 약속과 더불어 번연은 인내의 필요성과 인내가 주는 은혜에 대하여 가르쳤다.[17] 번연이 강조한 인내가 주는 은혜는 하나님의 신실하심에 대한 중요성을 줄이지 않았으며, 오히려 강화시켰다. 『천로역정』에서 그려진 것처럼, 크리스천의 인생은 천성을 향한 인내의 길에서의 끊임없는 몸부림이다. 인내는 영광에 이르는데 필수적이다. 번연은 다음과 같이 말했다.

---

17. 이 부분은 조엘 비키(Joel R. Beeke)의 "Bunyan's Perseverance, in *The Pure Flame of Devotion: The History of Christian Spirituality*, ed. G. Stephen Weaver Jr. and Ian Hugh Clary (Kitchener, Ontario: Joshua Press, 2013), 323-41에서 각색했다.

구원을 받는다는 것은 끝까지 믿음으로 인내한다는 것입니다. "그러나 끝까지 견디는 자는 구원을 얻으리라"(마 24:13). 인내는 기독교에서 우연히 발생한 것도 아니고, 인간의 노력에 의한 것도 아닙니다. 택하심을 받은 자들은 "구원을 얻기 위하여 믿음으로 말미암아 하나님의 능력으로 보호하심을 받아" 구원을 받았습니다(벧전 1:3-5). 그럼에도 불구하고 인내는 영혼의 구원을 완성하는 데 반드시 필요합니다. … 스페인을 갈 목적으로 바다로 나설지라도 가는 중 물에 빠져버리면 다다를 수 없습니다. 이런 까닭에 인내는 영혼의 구원에 반드시 필요합니다.[18]

인내의 필요성을 확실할수록, 인내가 하나님께서 그리스도로 말미암아 그의 백성들에게 허락하셨음도 확실해진다. 로버트 리치Robert Richey는 다음같이 기록했다. "최종적이고 완성된 인내에 관한 교리를 믿는 믿음 안에서 청교도들과 번연은 동지라고 할 수 있습니다."[19] 번연은 처음부터 끝까지 구원은 은혜로 말미암는다고 믿었다. 하나님 아버지는 자비롭게도 그리스도 안에서 넘치는 영적 복의 보물을 택한 자들을

---

18. Bunyan, *Saved by Grace*, in *Works* (1692), 556; *Works*, 1:339을 보라.
19. Robert A. Richey, "청교도 성화 교리: 번연의 『천로역정』에서도 그대로 나타난 성도의 최종적 인내와 완성된 인내에 대한 해석" (ThD Dissertation, Mid-America Baptist Theological Seminary, Schenectady, NY, 1990), 220.

위해서 허락하신다(엡 1:3-4; 딤후 1:9). 이 보물로 인해 하나님께서는 그들이 믿음을 지키도록 하시며, 그들이 생명으로 신실하게 인내하도록 그들의 필요를 채우신다.[20]

모든 겉보기 그리스도인조차 끝까지 인내할거라고 말하는 것은 아니다. 번연은 구원받지 못한 사람일지라도 아주 종교적일 수 있고, 또 그렇기 때문에 겉으로 드러나는 도덕과 종교 행위를 끝까지 지속할 수 없다고 이해했다. 번연 스스로도 그리스도 안에서 구원받는 믿음 없이 여전히 멸망당하는 상태에 있었음에도 불구하고, 그의 양심이 작동하고, 예전의 불법행위들을 청산하였으며, 교회에도 가고, 청교도들의 저서를 읽었던 적이 있었다. 이어서 사람에게는 죄의 확신을 더 이상 하지 않게 하는 수많은 방법이 있다고 경고했다. 그 중 하나가 종교 행위를 하는 것이다.[21] 생명을 주시는 하나님의 선물과 동떨어져 있다면, 우리는 인내하는 진정한 신앙을 가질 수 없다. 번연은 다음과 같이 기록했다. "그런 이유로, 아직 믿음을 가지 못한 죄인들은 가시와 엉겅퀴를 맺는 광야에 있는 것과 같습니다. … 하나님이 없는 그들에게는 그리스도도, 성령님도, 믿음도 그리고 희망도 없습니다. … 따라서 우

---

20. Bunyan, *Saved by Grace*, in *Works* (1692), 560; *Works*, 1:344을 보라.
21. Bunyan, *Saved by Grace*, in *Works* (1692), 567; *Works*, 1:351을 보라.

리는 이러한 결론을 내릴 수 있습니다. 천국에 속한 사람이 선한 일을 하나라도 행하기 위해서는, 회심하지 않고는 불가능하다는 것입니다. … 선한 행실은 반드시 선한 마음에서 비롯됩니다."[22]

하지만 하나님께서는 그리스도를 사람에게 보내셨다. 이로 인하여 사람은 그리스도를 갈망하는 믿음으로 나아가게 되었고, 그리스도께서는 이러한 사람을 끝까지 보호하실 것이다. 우리 주님은 요한복음 6:37-39에서 이렇게 말씀하셨다.

> 아버지께서 내게 주시는 자는 다 내게로 올 것이요 내게 오는 자는 내가 결코 내쫓지 아니하리라 내가 하늘에서 내려온 것은 내 뜻을 행하려 함이 아니요 나를 보내신 이의 뜻을 행하려 함이니라 나를 보내신 이의 뜻은 내게 주신 자 중에 내가 하나도 잃어버리지 아니하고 마지막 날에 다시 살리는 이것이니라.

하나님 아버지께서 거듭나게 하시고, 영혼은 믿음으로 나아오며, 그리스도께서 끝까지 구원하신다는 이 말씀은 하늘의 대장간에서 만들어진 결코 끊을 수 없는 사슬이다. 번연은

---

22. John Bunyan, *Christian Behaviour; Being the Fruits of True Christianity*, 3rd ed. (London: F. Smith, [1690]), 13-14; *Works*, 2:551을 보라.

요한복음 6:37에 대한 논문에서 다음과 같이 기록했다. "아들에게 구원할 자들을 주시는 하나님 아버지께서 완전하신 것같이 그리스도는 구원의 완전한 해답입니다. 그리스도는 아버지의 선물을 귀하게 여깁니다. 그래서 그는 그 중에 하나도 잃어버리시지 않을 것입니다.[23] 아버지와 아들은 언약을 신실히 지키십니다.

그리브즈는 번연에 대해 특별히 "보호와 인내가 그리스도의 중보 사역과 떼려야 뗄 수 없는 개념"이라고 말했다.[24] 히브리서 7:25-26은 제사장의 중보자 역할에 관하여 성도들을 지키시는 그리스도의 사역을 묘사한다.

> 그러므로 자기를 힘입어 하나님께 나아가는 자들을 온전히 구원하실 수 있으니 이는 그가 항상 살아 계셔서 그들을 위하여 간구하심이라 이러한 대제사장은 우리에게 합당하니 거룩하고 악이 없고 더러움이 없고 죄인에게서 떠나 계시고 하늘보다 높이 되신 이라.

---

23. John Bunyan, *Come; and Welcome, to Jesus Christ*, 4th ed. (London: by J. A. for John Harris, 1688), 41; *Works*, 1:254을 보라.

24. Richard L. Greaves, *John Bunyan*, Courtenay Studies in Reformation Theology 2 (Grand Rapids: Eerdmans, 1969), 91.

번연은 그리스도의 영원토록 계속되는 중보가 그리스도인들을 향한 하나님의 은혜의 언약이 "변함이 없고, 깨어지지도 않으며, 사람의 연약함으로 인하여 절대로 무효가 되지 않는다"는 것을 증거한다고 말했다.[25] 어째서 변함이 없는가? 그것은 언약이 우리가 아닌 그리스도의 사역에 기반을 두고 있기 때문이다. 번연은 이어서 말했다. "그리스도는 우리의 주이시며, 우리의 의가 되십니다. 그리고 우리의 구원자 되십니다. 죄가 우리를 아무리 넘어뜨린다 하여도, 결코 언약은 깨뜨릴 수는 없습니다. 하나님의 언약은 그리스도와 함께 견고히 서 있습니다. 영원토록 견고히 서 있습니다."[26]

뿐만 아니라 성도들은 그리스도 안에서 세상 때문에 그리스도를 떠나보내지 않을 아름다움과 생명을 찾는다. 번연은 그러한 예를 성경에서뿐만 아니라 폭스의 『순교자 열전』에 기록된 순교자들에게서 찾았다. 이그나티우스Ignatius는 그리스도 안에서 너무나 귀한 것을 찾은 나머지 사탄이 가져다주는 고통을 견디는 것조차 인내하기로 선택했다. 로마누스Romanus는 격분한 독재자에게 이렇게 말했다. "황제시여, 저는

---

25. Bunyan, *Christ a Compleat Saviour*, in *Works* (1692), 394; *Works*, 1:231을 보라.

26. Bunyan, *Christ a Compleat Saviour*, in *Works* (1692), 395; *Works*, 1:232을 보라.

폐하께서 내리는 형벌을 기꺼이 받아들이겠습니다. 폐하께서 만들어내신 그 잔혹한 형벌의 희생제물이 되는 것을 마다하지 않겠습니다." 메나Menas는 그가 받는 고문은 하늘의 영광과 비할 바가 되지 못하며, 육신을 죽이는 자가 아니라 지옥에 있는 몸과 영혼을 멸하시는 분을 두려워해야 할 것을 배웠다고 말했다. 율랄리아Eulalia는 대적자들이 자신을 고문할 때도 그리스도의 승리로 기뻐하였다. 아그누스Agnus는 그녀의 가슴으로 향하는 칼을 기꺼이 맞아 어둠의 세상으로부터 떠나 하늘의 신랑이신 예수 그리스도께 갔다. 번연은 이들 모두가 이와 같이 순교할 수 있었던 것은 예수 그리스도 안에서 다른 곳에서는 찾을 수 없는 무언가를 찾았기 때문이라고 말했다. 그들이 찾은 것은 하나님, 은혜, 생명, 영광과 의였다.[27]

번연에게 있어서 인내에 대해 하나님이 주시는 비전은 세상 곳곳에서 순교당한 그리스도인들에 의해서 더욱 강화 되었다. 『천로역정』이 마다가스카르 지역의 언어로 처음 번역되었을 때, 아프리카의 신자들은 극심한 박해에 고통받고 있었다. 그들은 번연의 저서를 손으로 여덟 권을 베끼고, 돌려가며 읽으면서 크리스천이 아폴리온Apollyon과의 전투와 죽

---

27. Bunyan, *Come, and Welcome, to Jesus Christ*, 175-78; *Works*, 1:295-96을 보라.

음의 그림자의 골짜기the Valley of Shadow of Death에서 받은 고통에 깊이 공감하였다. 그중 한 그리스도인은 이렇게 기록했다. "오 하나님, 하나님께서는 그 순례자들이 걸어온 길을 우리가 가게 하시나이까. 마다가스카르에 있는 하나님의 왕국이 그들의 박해로 전진할 수 있다면, 그렇게 되게 하소서."[28]

인내는 쉽지 않다. 인내는 그리스도를 위하여 기꺼이 고통 받고자 하는 마음을 요구한다. 기독교는 아주 긴 경주이다. 인내의 시험은 순교자들이 겪어온 슬픔처럼 극적이지 않을 수 있다. 대신에 일상에서 마주하는 어려운 순종의 요구가 몇 달, 혹은 몇 년 동안 계속 될 수도 있다. 바울은 "운동장에서 달음질하는 자들이 다 달릴지라도 오직 상을 받는 사람은 한 사람인 줄을 너희가 알지 못하느냐 너희도 상을 받도록 이와 같이 달음질하라"라고 말한다(고전 9:24). 번연은 이렇게 탄식했다. "사람에게 시작 구간만이나, 아니면 펄롱[8분의 1마일, 약 200미터]이나, 혹은 1이나 2마일 정도라면 전속력으로 달리는 것은 어려운 일이 아닐 것입니다. 하지만 그것을 백 마일, 천 마일, 만 마일 동안 유지한다고 해보십시오! 그 사람

---

28. David B. Calhoun, *Grace Abounding: The Life, Books, and Influence of John Bunyan* (Ross-shire, UK: Christian Focus Publications, 2005), 61.

은 분명 육신의 고비와 고통을 마주할 것이고, 고달픈 나날이 계속 될 것입니다. 혹여나 가시에 찔리거나, 수렁에 빠지거나, 아니면 다른 장애물에 걸리기라도 한다면, 그 여정은 무척이나 고통스러울 것입니다."[29]

신자들은 언제나 승리의 병거를 타고 천국에 가는 것이 아니라 때로는 크리스티나의 자녀들처럼 한밤중에 안개 낀 늪지대를 터벅터벅 지나갈 수도 있고, 덤불숲에서 걸려 넘어질 수도 있으며, 진창에서 신발이 벗겨져 버릴 수도 있다.[30] 혹은 번연이 옥살이를 할 때 경험했었던 것처럼 낙심, 우울, 영적 침체를 마주할 수도 있다. 번연은 자신의 경험을 이같이 고백했다. "저는 한 번 이상 아주 큰 슬픔에 잠기거나 수 주 동안 기운이 없는 상태가 지속되었던 적이 있습니다. … 그때 진실로 하나님에 속한 모든 것은 내 영혼으로부터 감추어져 있었습니다."[31] 한번은 동료 수감자들에게 번연이 설교할 차

---

29. John Bunyan, *The Heavenly Foot-man: Or, A Description of the Man that Gets to Heaven* (London: Charles Doe, 1698), 33; *Works*, 3:387을 보라. 원본에는 "more painful" 대신에 "more painfuller"로 되어있다.

30. John Bunyan, *The Pilgrim's Progress, From This World to That Which Is to Come: The Second Part* (London: Nathaniel Ponder, 1684), 201; *Works*, 3:236을 보라.

31. John Bunyan, *Grace Abounding to the Chief of Sinners*, 8th ed. (London: Nath. Ponder, 1692), 169; *Works*, 1:49을 보라.

례가 되었는데, 자신이 "공허하고, 영혼이 없으며, 메말랐음"을 발견했다. 번연의 영적 침체는 기도가 충만하도록 하나님의 말씀을 묵상할 때까지 지속되었다. 그리고 마침내 하나님께서는 그의 영혼을 새롭게 하셨고, 설교를 할 수 있도록 순간적으로 하늘의 영광을 맛보게 하셨다.[32]

하나님께서는 그의 백성들이 인내할 수 있도록 어떻게 지키실까? 하나님께서는 애통과 유혹에 있을 때 그들을 만나신다. 사탄이 그들의 마음에 물을 부어 경건의 불을 끄려하지만, 그리스도는 (종종 믿는 자들이 그것을 인지하지 못한다 할지라도) 언제나 은혜의 기름을 부으신다. 그래서 그들은 인내하며, 주를 향하여 더욱 뜨겁게 타오른다.[33] 번연은 감옥에서 어둠과 빛을 모두 경험했다. 그는 수감 생활 중에 "내 인생동안 지금처럼 하나님의 말씀에 이토록 몰두 한 적이 없었다."라고 고백했다. 전에도 번연과 가까웠던 성경이 "그 곳에서는 그에게 밝게 빛났다." "지금보다 예수 그리스도께서 더욱 실제적이고, 분명했던 적은 없었습니다. 실로 나는 여기서 그리스도를

---

32. John Bunyan, *The Holy City: or the New Jerusalem* (London: J. Dover, 1665), A3r; *Works*, 3:397의 "독자들에게 보내는 서신"을 보라. 이 책의 챕터 2에 나와 있는 번연의 감옥생활에 대한 내용을 참고하라.

33. John Bunyan, *The Pilgrim's Progress from This World, to That Which Is to Come*, 3rd ed. (London: Nath. Ponder, 1679), 44–45; *Works*, 3:100을 보라.

보았으며, 느꼈습니다."[34]

그리스도를 바라보는 영안은 눈부신 하나님의 영광을 느꼈을 때나 시야가 흐릿할 때나 믿는 자들을 계속 견디게 한다. 어느 경우에서든 그들은 보이지 않는 현실에 대한 내면의 감각에 따라 살아간다. 번연은 다음과 같이 말했다. "세상과 다른 무언가를 보기 위하여 온 사람들은 하나님과 그리스도, 천국을 볼 것이며, 그들이 누리게 될 영원한 영광을 보게 될 것입니다. 저는 말할 수 있습니다. 그리고 그곳에 자신에게 돌아갈 몫이 있다는 것을 비로소 알게 되었을 때, 그들은 그것을 누리기 위해서 시종일관 변함없이 나아가게 될 것입니다.[35] 우리가 살펴보았듯이 번연은 이러한 영적 감각을 믿음과 경건한 두려움에 연결하였다.

천국의 실제성에 대한 감각뿐만 아니라 도래할 심판에 대한 감각은 번연에게 신앙의 타협점 없이 박해를 견딜 수 있도록 도와주었다. 한번은 영국 국교회의 대표가 번연에게 설교를 중단할 것을 촉구했는데, 그렇게만 한다면 감옥에서 풀어줄 것을 약속했다. 그때 번연은 이렇게 대답했다. "제가 위클리프Wycliffe의 말을 빌려 말씀드리자면, 누군가가 파문당할

---

34. Bunyan, *Grace Abounding*, 162; *Works*, 1:47을 보라.

35. Bunyan, *The Heavenly Foot-man*, 38; *Works*, 3:388을 보라.

것을 두려워하여 하나님의 말씀을 설교하는 것과 듣는 것을 중단한다면, 그 사람은 이미 하나님으로부터 파문당한 사람입니다. 그리고 심판의 날, 그리스도를 배반한 사람으로 여김 받을 것입니다."[36]

하나님께서 그의 백성들을 지키신다는 것이 미치는 중대한 영향은 바로 하나님을 두려워하는 것이다. 하나님께서는 경외함을 사람들의 마음에 두어 "나를 떠나지 않게 하리라"(렘 32:40)고 약속하셨다. 또한, 그들의 앞날을 보장하신다. "하나님을 경외하여 그를 경외하는 자들은 잘 될 것이요"(전 8:12). 하나님께서는 이와 같은 은혜를 하나님께 마음을 둔 자들과 수많은 유혹, 어려움, 덫, 함정, 시험, 문제들을 지난다 할지라도 끝내 변질치 않고 마음을 지킨 자들에게 내리신다.[37] 잠언 28:14은 "항상 경외하는 자는 복되거니와"라고 말한다. 번연은 이 말씀을 두고 이 사람은 "이미 행복한" 사람이고, "앞으로도 행복한" 사람인데, 왜냐하면 두려움의 은혜가 멈추지 않을 것이며, 또한 이 은혜는 "영혼이 하늘에 있는

---

36. John Bunyan, *Relation of the Imprisonment of Mr. John Bunyan* (London: James Buckland, 1765), 35; *Works*, 1:59을 보라.

37. Bunyan, *A Treatise of the Fear of God*, 219; *Works*, 1:488을 보라.

영광의 저택에 이를 때까지 지속될 것"이기 때문이다.[38]

어떻게 하나님을 두려워함이 지옥의 저주로 미끄러지는 것으로부터 보호하는가? 번연은 사람을 "도시"로, 마음을 "요새"라고 했을 때, 하나님을 경외함이 단순히 머리에 들어있는 것(지식처럼)도, 입에서 나오는 것(말처럼)도 아니라, 요새인 마음을 지켜 그 도시인 사람을 안전하게 한다고 말했다. 특히, 두려움의 은혜는 주로 의지의 기능에 따라 마음에서 작동한다. 이 의지는 영혼에게 있는 다른 모든 능력을 관장하기에, 영혼이 나아가는 근본적인 방향, 천국이냐 지옥이냐를 결정한다.[39] 또한 하나님을 두려워함은 왕이 신뢰하는 특별한 친구이다. 이 친구는 "요새가 도시에 종속되어 통치를 받게 하며, 복음에 순종하게 한다." 실제로 하나님의 영광의 은혜 중에서 가장 온유하여, 적들이 쳐들어오는 것을 알리는 파수꾼의 역할을 감당한다.[40]

번연은 이와 같은 원리를 그의 우화인 『거룩한 전쟁』에서 나오는 맨소울이라는 도시에서 벌어진 전투로 그렸다. 때때로 맨소울은 임마누엘 왕자에게로 탈환되었는데, 이 도시

---

38. Bunyan, *A Treatise of the Fear of God*, 218; *Works*, 1:488을 보라.
39. Bunyan, *A Treatise of the Fear of God*, 220-21; *Works*, 1:488을 보라.
40. Bunyan, *A Treatise of the Fear of God*, 222-23; *Works*, 1:488을 보라.

는 지금에 안주하고, 영적인 게으름 상태에 빠지기 시작했다. "육신의 안락 씨"Mr. Carnal-security(아무것도 두려워하지 않는 부인Lady Fear-nothing의 아들)이라는 사악한 사람은 도시의 주민들을 자신의 편으로 끌어들였고, 주민들은 더 이상 그들의 왕자를 구하지도, 그를 의지하지도 않았으며, 대신에 "최고 대신 경"Lord High Secretary(성령 하나님을 상징)을 슬프게 만들었다. 하지만 용감한 "하나님 경외 씨"Mr. Godly-fear는 "육신의 안락 씨"를 꾸짖고 마을 주민들의 양심을 깨웠다. "하나님 경외 씨"의 리더십으로, 주민들은 "육신의 안락 씨"를 처형하였고, 임마누엘 왕자에게 은혜와 용서를 구하는 진정서를 반복해서 제출하였다.[41] 결론적으로 영적인 나태함에 빠지고 오직 그리스도만을 믿는 믿음으로 열심히 걸어 나아가는 것에 실패하고 있을 때, 하나님을 두려워함이 그리스도인을 깨우는데 결정적인 역할을 한다는 것이다.

맨소울이 영적으로 연약해졌음을 감지한 대적 디아블루스는 도시를 포위하기 위해 돌아왔고, 죄에 빠뜨리기 위해 유혹하였다. 그리고 한때는 악한 군대가 정문을 뚫고 들어와

---

41. John Bunyan, *The Holy War, Made by Shaddai upon Diabolus … Or, the Losing and Taking Again of the Town of Mansoul* (London: Nat. Ponder, 1696), 203-19; *Works*, 3:324-29을 보라.

서 샤다이의 병사들은 성으로 퇴각할 수 밖에 없었다. 여기서 "성"은 사람의 마음을 대변한다.[42] 이 장면은 그리스도인이 죄에 굴복하는 모습을 나타난다. 그럼에도 불구하고 악마는 이 마음을 온전히 정복하지 못한다. 번연은 하나님께서 그의 성도들을 어떻게 보호하시는 것에 대한 시각으로 그 이유를 설명했다. 번연은 "디아블루스는 성의 문을 깨 부서뜨려 열기 위해서 수많은 무차별적인 맹공을 퍼붓지만, 하나님 경외 씨는 성공적으로 방어했다. 그는 용기와 뛰어난 리더십을 가진 용맹한 사람"이었기 때문에 그가 살아있는 한 디아블루스는 결국 성공할 수 없었다. 이 대목에서 번연은 그의 생각을 삽입 어구로 다음과 같이 제시했다. "때때로 저는 그 남성이 [하나님 경외 씨] 맨소울 도시를 완전히 통치하였으면 좋겠다는 생각을 했습니다."[43] 『천로역정』의 크리스천은 한때 죄로 가득 차 버렸을 때에도, 하나님을 경외함이 그의 마음을 주님께로 향하게 하였고, 이 경외심이 커질수록 그는 더욱 거룩해졌다.

왜 하나님을 경외함은 완전히, 그리고 끝내 그리스도를 배반하는 것으로부터 믿는 자들을 지키는데 그렇게 효과적인

---

42. Bunyan, *The Holy War*, 3; *Works*, 3:255을 보라.

43. Bunyan, *The Holy War*, 283; *Works*, 3:351을 보라.

가? 대답은 그것의 근원에 있다. 모든 전투가 끝나고 승리를 거두었을 때, 임마누엘 왕자는 맨소울에게 말했다. "나를 배반하는 것은 그대들에게 있지만, 그대들을 회복하는 방법과 뜻은 내게 있노라. … 내가 하나님 경외 씨로 맨소울에서 일하게 하였다."[44]

그들의 죄와 연약한 믿음으로 낙심한 그리스도인들은 하나님께서 경외함을 그들의 마음에 두시어 그들을 보호하고 있다는 것을 마음으로 알아야한다. 그리스도인들을 지키시고 그리스도의 통치가 그들의 마음에 임하도록 붙드시는 하나님의 선물은 얼마나 복된 은혜인가! 그래서 그들이 하나님을 사랑하고 또한 두려워하도록 하자. 하나님의 말씀 안에서 믿음을 실천하여 두려움의 불꽃이 활활 타오르게 하고, 경건한 두려움이라는 형언할 수 없는 선물을 주신 하나님께 감사하자. 이것이 인내를 통한 능력인 것이다.

---

44. Bunyan, *The Holy War*, 343; *Works*, 3:37을 보라. 원본에는 "It was I" 대신에 "'Twas I,"로 되어있다.

요약 및 결론

주를 두려워하기를 기뻐했던 존 번연은 이렇게 말했다. "이와 같이 여러분들은 하나님을 향한 거룩한 두려움의 은혜가 얼마나 중요하고 위대한가를 보았을 것입니다."[1] 번연은 하나님을 두려워했다. 그분은 우리의 이해 넘어 계시는 무한한 영광의 주님이신 하나님이시기 때문이다. 그와 같은 존재 앞에서 우리가 취할 수 있는 올바른 반응은 경외와 경배뿐이다. 하나님께서는 본성적으로 두려운 존재이시기 때문에 그분에 또 다른 이름은 "이삭이 경외하는 이"이시다 (창 31:42, 53). 그리스도는 죄인들의 의로움이 되시기 때문에 죄악 된 인간은 오직 그리스도를 믿는 믿음으로 그의 거룩한 위엄 앞

---

1. John Bunyan, *A Treatise of the Fear of God* (London: N. Ponder, 1679), 107; *Works*, 1:462을 보라.

으로 나아갈 수 있다(고후 5:21 참고). 하나님께서는 죄인들에게 은혜로 임하시지만, 동시에 그의 임재는 경외를 불러일으킨다(창 28:16-17 참고). 이는 하나님께서 그의 백성들에게 형언할 수 없는 위엄을 보이시며(계 15:4 참고), 비참한 타락상을 깨닫게 하시기 때문이다(사 6:5 참고).

주님은 눈부시게 아름다우시며, 영화로우시다. 따라서 마음을 열어 하나님을 바라볼 때 그분을 사랑하게 되며, 또한 동시에 두려움에 떨게 된다. 하나님의 긍휼하심조차도, 아니 특별히 하나님의 긍휼하심이 하나님의 백성들로 그분을 두려워하게 한다(호 3:5 참고). 그러므로 하나님의 위엄에 대한 두려움 없이 예배를 드린다는 것은 심각하게 어리석은 짓이다. 참 예배는 경외와 기쁨으로 가득하다(시 2:11; 5:7 참고). 여기서 말하는 두려움은 죄로 인하여 저주를 받았다는 사실로 두려움에 떠는 것이 아니라 그리스도의 보혈을 믿는 믿음으로 하나님께 기꺼이 경배 드리는 것이다.[2]

하나님을 향한 두려움 중, 하나님을 기쁘시게 하지 못하는 몇 가지 경우가 있다(출 20:20 참고). 타락한 인간에게는 성령이 계시지 않다 하더라도, 여전히 하나님의 존재와 심판을

---

2. 바로 앞 두 문단에 대해서는 본 책의 3장을 보라.

지각하게 하는 양심이 있다(롬 2:14-15 참고). 이러한 양심으로 말미암는 하나님에 대한 두려움은 경건하지 못한 두려움이며, 분노와 하나님으로부터 숨고자하는 마음, 위선, 행위로 의롭다함을 얻고자하는 욕망, 사람이 만들어낸 종교 등으로 혼합된 두려움이다. 이 외에 번연이 말하는 일시적으로 경건하다고 할 수 있는 다른 종류의 두려움이 있다. 이러한 두려움 속에 있을 때 성령 하나님께서는 지옥형벌에 대한 두려움을 일깨우기 위해서 초자연적으로 하나님의 말씀을 양심에 심기우신다(요 16:8-9 참고). 그러곤 이렇게 소리치게 하신다. "내가 어떻게 해야 구원을 받으리이까?"(행 16:30). 하지만 이 두려움 자체로는 누구도 구원할 수 없다. 오직 그리스도를 믿는 믿음으로 말미암아 구원을 받는다.

그리스도를 믿게 된 다음부터 성령 하나님께서는 하나님의 자녀가 된 신자에게 더 이상 지옥형벌에 대한 두려움을 주시지 않으신다(롬 8:15 참고). 죄인이 구원을 받으면, 하나님의 언약이 더 이상 정죄 받지 않을 것을 보장한다(롬 8:1; 히 8:10-12 참고). 하나님의 자녀가 지옥형벌에 두려움을 가지고 살아간다는 것은 사탄의 거짓말에 속아 속박되어 살아가고 있음을 뜻한다. 진짜 그리스도인들이라면, 지옥형벌에 대해 노예와 같이 굴욕적인 두려움을 가지고 살지라도 천국으로 인도받겠

지만, 그들의 길은 그들에게나, 그들 주변에 있는 사람들에게나 무척 고통스러울 것이다.³

번연은 경건하지 않는 두려움과 지옥형벌에 대한 두려움과는 대조적으로, 구원에 필수적인 세 번째 두려움, 경건한 두려움을 말했다. 이 두려움은 하나님께서 그의 백성들에게 허락하시는 선물이며, 지혜와 생명의 원천이다(욥 28:28; 잠 14:27; 사 33:6 참고). 타락한 인간은 경건한 두려움의 희미한 흔적조차 가지고 있지 않다(롬 3:18 참고). 하지만 하나님께서는 그가 택하신 자들에게 그리스도 예수 안에서 은혜 언약의 열매로 경건한 두려움을 허락하셨다(렘 32:40 참고). 이 언약은 하나님의 영원한 의지이자, 하나님께서 그리스도의 피 값으로 사신 구원에 관한 약속이다(벧전 1:19-20 참고). 따라서 이 구원의 약속은 영원한 생명의 소망이며(딛 1:2 참고), 구원의 백성은 하나님께서 창세 전에 택하신 자들이다(엡 1:4 참고).

성령 하나님은 죄인에게 자녀가 아버지를 두려워하듯 하나님을 두려워하는 새 마음을 부어주심으로 그리스도의 구원사역을 이뤄나가신다(사 11:2; 렘 32:39 참고). 하나님의 사랑을 왜곡한 형벌을 받을까하는 두려움과는 달리(요일 4:18 참고), 경

---

3. 본 책의 4장을 보라.

건한 두려움은 죄인들에게 긍휼을 베푸시는 하나님을 믿음으로 생겨나며(시 130:3-4 참고), 하나님을 사랑하는 마음과 동반된다. 그리스도인들은 이와 같은 두려움을 거부하지 말아야 하며, 더욱 소중히 여기고, 더욱 자랄 것을 구해야한다(시 34:9 참고). 하나님에 대한 두려움이 커지면, 많은 문제와 고통으로부터 벗어난다(잠 14:27; 전 7:15-18 참고). 또한 그리스도인을 영예롭고, 고귀하며, 강하게 하며, 한낱 인간이 두려움을 통제하는 것을 뛰어넘게 한다(잠 31:30; 사 8:12-13; 눅 12:4-5 참고).[4]

주님을 두려워함은 거룩한 열매를 낳는다. 번연은 행위가 아닌, 그리스도를 믿는 믿음으로 죄인들이 의롭다함을 얻게 된다고 가르쳤다. 하지만 의롭다함을 칭하는 믿음은 선한 행실을 하고자하는 동기를 불러일으키며, 그것을 행하게 한다(딛 3:7-8 참고). 또한 하나님을 두려워할 때 마음이 더욱 온전한 거룩을 이루어간다(고후 7:1 참고). 신자가 하나님의 임재 안에 거하고 있다는 것을 느끼게 하며, 그를 예배하여 복종하는 마음을 허락하신다. 하나님을 두려워함은 믿는 자들로 하나님의 영광을 향한 온유와 열심을 갖게 한다(삼상 17:26, 45 참고). 또한 죄를 미워하게 하며(잠 8:13 참고), 하나님의 율법에 순

---

4. 본 책의 5장을 보라.

종하기를 즐거워하게 한다(시 112:1 참고). 경건한 두려움은 사탄의 속임수에 걸리지 않도록 주의 깊게 하고, 지속적이고 열정적인 기도를 하게하며, 마음을 다하여 하나님께 예배드리게 한다. 하나님을 두려워하는 사람은 자신을 부인하고 다른 사람들을 섬기는데, 때로는 자신의 소유를 나누고, 목숨을 다하여 돕기도 한다(왕상 18:3-4; 느 5:15 참고). 그리고 두려움은 교만을 죽이고 하나님의 은혜 안에서 소망이 자라게 한다(시 147:11; 롬 11:20 참고).[5]

하나님께서 하나님을 두려워하는 마음을 심기우시는 데 사용하는 위대한 도구는 거룩한 말씀이다. 하나님을 무서워할 줄 아는 신앙은 성경적인 신앙이다. 성경은 그저 하나님에 관한 책이 아니다. 성경은 세상에 울리는 하나님의 음성이며, 위엄으로 충만한 주님의 음성이다(시 29:4; 딤후 3:16 참고). 결코 실수하지 않는 확실한 진리의 말씀이며, 절대 폐할 수 없다(단 10:21; 요 10:35 참고). 말씀은 신앙의 유일한 토대이자 기준이며, 사람의 마음을 납득시키는 권위가 내재되어 있다. 또한 우리의 마음을 들여다볼 수 있고, 예수 그리스도의 영광과 행동을 확인할 수 있는 초자연적인 거울이다. 죄인들을 변화시키기

---

5. 본 책의 6장을 보라.

에 충분하며, 경건한 자들을 인도하기에 충분하다(눅 16:29; 딤후 3:14-17 참고). 번연은 사람들에게 성경을 읽을 것과 믿을 것과 따를 것을 촉구했다.

성경의 두렵게 하는 특성은 말씀 사역을 칭송함과 동시에 겸손케한다. 한편 사람들에게 성경을 설교하는 것은 높고 위대한 부르심이다. 다른 한편으로 목회자는 교회의 종이며, 그들 스스로가 설교하는 것이 아니라 그리스도로 말미암아 설교하도록 부름 받은 사람들이다. 번연은 가장 재능이 있는 설교자는 그의 교회를 위하여 그리스도께서 연주하시는 현악기의 활일 뿐이라고 말했다. 한낱 활이 어찌 자랑할 수 있겠는가? 먼 훗날, 하나님께서는 목회자들의 설교 능력에 의해서가 아니라 그들의 경건한 두려움과 하나님의 말씀에 순종하는 것으로 심판하실 것이다.[6]

끝으로 그리스도인의 삶은 세상의 무대에서 펼쳐지는 공연이 아니라 인내를 요하는 장거리 경주이다. 번연은 그의 믿음을 지키기 위해서 심한 고통을 받았다. 그는 인내의 본이 되었으며, 인내에 대한 기록을 남겼다. 성도들에게 용기를 북돋아주기 위해, 하나님께서는 그를 두려워하는 자들에게 허

---

6. 본 책의 7장을 보라.

락하신 수많은 약속을 지키시는 분이심을 상기시키신다. 그는 그들의 구원자시요 선생님이시다(시 25:12; 115:11 참고). 그는 그들을 악으로부터 지키실 것이며(시 33:18-19 참고), 모든 마음의 소원을 만족하게 하셔서 그들에게 기쁨을 주신다(시 34:9-10; 37:4 참고). 무엇보다 하나님께서는 그를 경외하는 자에게 그분 자체를 허락하시며, 영원부터 영원까지 그의 무한한 사랑을 부어주신다(시 103:11, 17 참고).

하나님을 두려워함은 하나님께서 복주시기를 기뻐하는 자들이라는 증거일 뿐만 아니라 영원한 즐거움으로 인도하시는 하나님의 방법이다. 그리스도의 영원한 영광으로 들어가기 위해서 성도들은 인내해야한다(마 24:13 참고). 그리스도인들의 삶은 상을 받기 위하여 반드시 달려야하는 천 마일을 달리는 마라톤과 같다(고전 9:24 참고). 그리스도는 성도들이 달음박질하는데 필요한 모든 은혜를 주시기 때문에 참 신자는 인내한다(요 6:37; 히 7:25 참고). 인내의 은혜에서 핵심 요소는 경건한 두려움이다. 하나님께서는 다음과 같이 약속하셨다. "내가 그들에게 복을 주기 위하여 그들을 떠나지 아니하리라 하는 영원한 언약을 그들에게 세우고 나를 경외함을 그들의 마음에 두어 나를 떠나지 않게 하고"(렘 32:40). 믿는 자들이 영적인 나태함에 빠져 있거나 죄를 짓는 유혹에 에워싸여져 있을 때조차도 경건한 두려움은 그리스도인들을 깨우고, 마음을 지켜 그리스도인들이 완전히 혹은 끝내 신앙을 잃어버리지 않도록 보호한다.[7]

하나님을 두려워함에 대한 번연의 강조는 현대 그리스도인들에게 우선순위를 가르친다. 그리스도인에게 가정이든, 직업이든, 사업이든, 아니면 교회든 개인적인 영역을 향상시키기 위한 은사와 능력, 기술에 대해 집중하는 것은 어렵지 않다. 결과적으로 위대한 은사와 성공을 한 사람들에게는 교만이 자라나고, 그렇지 못한 사람들에게는 열등감으로 우울함이 찾아온다. 은사는 가치가 있고, 일을 하는 데 기술이 중요하다고 하지만, 번연은 무엇이 하나님께 정말로 중요한 것인지 우리에게 상기시킨다. 그리고 그것은 하나님을 두려워함이다. 하나님을 두려워함이 하나님을 섬기는 우리의 열정을 저하시키지 않는다. 오히려 우리 안에서 이기적이고 세상에 묶여 있는 부분을 정제한다. 그리고 우리의 왕이 누구신지, 우리가 추구해야할 왕의 나라와 영광이 무엇인지 기억하게 한다.

그리스도인은 교육과 기술, 능력, 기회의 부재로, 아니면 무능력과 질병, 반대, 종교적 박해와 같은 연약함과 한계에

---

7. 본 책의 8장을 보라.

의해 좌절할 수도 있다. 번연은 거룩한 두려움 안에서 하나님의 기쁨이 고통받는 그리스도인들에게 부어주시는 위대한 격려가 되는 것을 보았다. 이러한 은혜는 세상에서의 어떠한 신분이나 자격, 아니면 위대한 은사나 능력을 요구하지 않는다. 사람의 눈에는 작은 것일지라도 그 안에서 탁월할 수 있다. 하나님께서는 지극히 낮고 작을지라도 여호와를 경외하는 자들에게 복을 주실 것이다(시 115:13 참고). 그리고 하나님께 드리는 지극히 작은 헌신이라 할지라도 하나님께서는 상을 주실 것이다(마 10:42 참고).[8] 번연은 다음과 같이 기록했다.

> 은혜는 세상에 그 무엇보다 하나님을 더욱 잘 섬기게 합니다. 다른 모든 것을 가지고 있지만 은혜가 없는 사람보다, 은혜가 있는 사람이 하나님을 더욱 잘 섬길 수 있습니다. 불쌍한 그리스도인이여, 당신은 하나님을 위하여 무언가를 하기에 부족하지만, 하나님을 두려워할 수 있습니다. 당신은 설교자가 아니기에, 하나님을 그들과 같이 섬길 수는 없습니다. 당신은 부자가 아니기에 외적 물질로 하나님을 섬길 수도 없습니다. 당신은 지혜로운 사람이 아니기에 또 그렇게 섬길 수 없습니다. 그렇지만

---

8. Bunyan, *A Treatise of the Fear of God*, 152–55; *Works*, 1:472을 보라.

당신에게 긍휼이 임하여, 당신은 하나님을 두려워하게 되었습니다. 설교를 하지 못할지라도, 당신은 하나님을 두려워할 수 있습니다. 굶주린 다른 사람들의 배를 채워주지 못할지라도, 가난한 자들의 등을 양털로 감싸주지 못할지라도, 당신은 하나님을 두려워할 수 있습니다.[9]

땜장이는 감옥에 앉아서 곰곰이 생각했다. 번연은 그의 교회에서 설교를 할 수 없고, 빈곤한 그의 가정을 돌보아 줄 수도 없었지만, 그럼에도 불구하고 하나님을 두려워함으로부터 주어지는 말로 형용할 수 없는 은혜로 말미암아 하나님께 감사했다. 그는 다음과 같이 말했다. "정확하게 말해서, 주를 경외하는 것이 그가 이 세상에서 가지고 있는 것의 전부일지라도, 그는 영원한 생명과 영광을 지니고 있는 것입니다. 다른 모든 사람이 땅속에 장사되고, 수치와 멸시를 당할지라도 그가 받은 축복은 영원토록 머물 것입니다."[10]

어찌할 수 없는 환경 가운데서 얽매어 괴로워하고 있는 그리스도인들에게 이와 같은 번연의 달콤한 말은 위로를 준다. 약간의 물질을 가지고 있는 어린아이나, 요양원에 있는

---

9. Bunyan, *A Treatise of the Fear of God*, 229; Works, 1:490을 보라.
10. Bunyan, *A Treatise of the Fear of God*, 231; Works, 1:490을 보라.

늙은 여성이나, 분쟁이 있는 교회의 목회자나, 직장과 가정에서 감당할 수 없는 일로 압도당하고 있는 편부모나, 그리스도인은 여호와를 두려워할 수 있다. 하나님을 두려워하는 마음으로 하나님을 대단히 기쁘시게 할 수 있다. 만약에 당신이 하나님에 대한 사랑과 두려움으로 가족을 이끌고 있다면, 그들에게 돈과 먹을 것이 풍부한 것보다 훨씬 더 값진 것을 주고 있는 것이다(잠 15:16-17 참고). 겉보기에는 별 볼일 없는 사람 같지만 하나님을 진정으로 경외하는 신실한 그리스도인을 하나님께서 택하셔서 하나님의 거룩한 이름에 영광 돌리는데 사용하실지 누가 알겠는가?

독자들이 이 책을 다 읽은 후에 여호와를 경외함이 주는 중요성을 알고 유익을 맛보는 것이 우리의 소망이다. 만약에 당신이 그리스도를 믿는 신자로서, 영광의 아버지의 자녀로서 하나님을 두려워하지 않는다면, 당신은 무서운 고통 속에 있는 것이다. 당신은 죄악으로 잃어버린, 저주받은 노예이다. 심지어 오늘 당신이 하나님에 대한 충격적인 생각의 죄를 대수롭지 않게 여길지라도, 하나님의 날에 거룩의 왕을 마주하게 될 것이고, 당신의 죄로 심판받게 될 것이며, 지옥으로 떨어질 것이다. 왜 영원히 멸망당하고자 하는가? 당신의 죄를 회개하고, 예수 그리스도를 믿어, 그에게서 여호와를 경외함을 배워라.

만약 당신이 그리스도를 믿음으로 하나님을 두려워한다면, 이 두려움을 당신의 마음에서 자라게 해야 한다. 어떻게 하나님을 두려워함을 자라게 하는지에 대한 번연의 지당한 충고를 기억하라. 그리고 마음을 주의 깊게 살피고, 당신의 마음이 강퍅해지기 전에 애초부터 죄를 죽여라. 노예와 같은 두려움과 하나님으로부터 배제당할까 두려워하는 것은 의롭다 칭함 받은 하나님의 자녀에게는 부적절한 것이며, 쓸모가 없으므로 주의해야한다. 그리스도 안에서 하나님의 언약의 약속들을 공부하라. 이 약속들은 당신에게 살아계신 하나님을 경외하는 아들과 딸로 어떻게 살아갈 것이지 알려줄 것이다. 매일 그리스도 안에서 그리고 하나님과 인간 앞에서 선한 양심으로 거닐며 믿음을 행함으로 구원의 확신을 자라게 하라.

하나님의 긍휼과 위엄, 그리고 당신의 죄에 대해 자주 묵상하라. 그리하면 당신의 마음이 온유하고 겸손해질 것이다. 자발적으로 성경에 빠져들어라. 영적 성장을 위해 매일 기도하라. 그리하면 하나님께서 당신의 마음과 합하여 하나님의 이름을 두려워하게 하실 것이다. 당신이 가장이라면, 당신의 가족을 가정예배로 인도하라. 이 모든 것 안에서 거룩한 기쁨

으로 하나님을 경외하는 것에 당신의 삶을 바쳐라.[11]

"여호와를 경외하며 그의 길을 걷는 자마다 복이 있도다!"
(시 128:1)

---

11. 6장의 두 번째 파트을 보라.

참고문헌

Ahenakaa, Anjov. "Justification and the Christian Life in John Bunyan: A Vindication of Bunyan from the Charge of Antinomianism." PhD Dissertation, Westminster Theological Seminary, Glenside, PA, 1997.

Alblas, Jacques B. H. "The Reception of *The Pilgrim's Progress* in Holland During the Eighteenth and Nineteenth Centuries." In *Bunyan in England and Abroad*, 121–30. Edited by M. Van Os and G. J. Schutte. Amsterdam: VU University Press, 1990.

Ambrose, Isaac. *Looking unto Jesus*. Pittsburgh: Luke Loomis, 1823.

Ames, William. *Conscience with the Power and Cases Thereof*. In *The Workes of the Reverend and Faithfull Minister of Christ William Ames*. London: John Rothwell, 1643.

―――. *The Marrow of Sacred Divinity*. In *The Workes of the Reverend and Faithfull Minister of Christ William Ames*. London: John Rothwell, 1643.

Batson, E. Beatrice. "The Artistry of John Bunyan's Sermons." *Westminster Theological Journal* 38, no. 2 (Winter 1976): 166–81.

Bavinck, Herman. *Reformed Dogmatics*. Edited by John Bolt; Translated by John Vriend. 4 vols. Grand Rapids: Baker Academic, 2006.

Baxter, Richard. *A Christian Directory*. 1864. Reprint, Morgan, PA: Soli Deo Gloria, 1996.

Bayly, Lewis. *The Practice of Pietie*. London: Robert Allot, 1633.

———. *The Practice of Piety*. 1842. Reprint, Morgan, PA: Soli Deo Gloria, 1994.

Beeke, Joel R. "Bunyan's Perseverance." In *The Pure Flame of Devotion: The History of Christian Spirituality*. Edited by G. Stephen Weaver Jr. and Ian Hugh Clary. Kitchener, Ontario: Joshua Press, 2013.

———. "John Bunyan on Justification." *Midwestern Journal of Theology* 10, no. 1 (2011): 166–89.

———. *The Quest for Full Assurance: The Legacy of Calvin and His Successors*. Edinburgh, UK: Banner of Truth, 1999.

Beeke, Joel R., and Mark Jones. *A Puritan Theology: Doctrine for Life*. Grand Rapids: Reformation Heritage Books, 2012.

Beeke, Joel R., and Paul M. Smalley. *Prepared by Grace, for Grace: The Puritans on God's Ordinary Way of Leading Sinners to Christ*. Grand Rapids: Reformation Heritage Books, 2013.

Beeke, Joel R., and Randall J. Pederson. *Meet the Puritans*. Grand Rapids: Reformation Heritage Books, 2006.

Brown, John. *John Bunyan: His Life, Times, and Work*. London: Hulbert Publishing Co., 1928.

Bunyan, John. *The Acceptable Sacrifice: Or the Excellency of a Broken Heart*. London: George Larkin, 1689.

———. *The Barren Fig-Tree, Or, The Doom and Downfal of the Fruitless Professor*. London: Jonathan Robinson, 1673.

———. *Christian Behaviour; Being the Fruits of True Christianity*. 3rd ed. London: F. Smith, (1690).

———. *Come, and Welcome, to Jesus Christ*. 4th ed. London: by J. A. for John Harris, 1688.

———. *A Confession of My Faith, and A Reason of My Practice*. London: Francis Smith, 1672.

———. *A Defence of the Doctrine of Justification, By Faith in Jesus Christ Shewing True Gospel-Holiness Flows from Thence*. London: Francis Smith, 1673.

———. *A Discourse of the Building, Nature, Excellency, and Government of the House of God*. London: George Larkin, 1688.

———. *A Discourse upon the Pharisee and the Publicane*. London: Joh. Harris, 1685.

———. *The Doctrine of the Law and Grace Unfolded*. London: M. Wright, 1659.

———. *A Few Sighs from Hell, Or, The Groans of a Damned Soul*. London: by Ralph Wood, for M. Wright, 1658.

———. *Grace Abounding to the Chief of Sinners*. 8th ed. London: Nath. Ponder, 1692.

———. *The Heavenly Foot-man: Or, A Description of the Man that Gets to Heaven*. London: Charles Doe, 1698.

———. *The Holy City: or the New Jerusalem*. London: J. Dover, 1665.

———. *A Holy Life, The Beauty of Christianity*. London: by B. W. for Benj. Alsop, 1684.

———. *The Holy War, Made by Shaddai upon Diabolus . . . Or, the Losing and Taking Again of the Town of Mansoul*. London: Nat. Ponder, 1696.

———. *Instruction for the Ignorant*. London: Francis Smith, 1675.

———. *The Jerusalem Sinner Saved: Or, Good News for the Vilest of Men*. London: George Larkin, 1689.

———. *Light for Them that Sit in Darkness: Or, A Discourse of Jesus

Christ. London: Francis Smith, 1675.

———. *The Miscellaneous Works of John Bunyan. Vol. 2, The Doctrine of the Law and Grace Unfolded and I Will Pray with the Spirit*. Edited by Richard L. Greaves. Oxford: Oxford University Press, 1976.

———. *The Miscellaneous Works of John Bunyan*. Vol. 11, *Good News for the Vilest of Men, The Advocateship of Jesus Christ*. Edited by Richard L. Greaves. Oxford: Oxford University Press, 1985.

———. *The Pilgrim's Progress from This World, to That Which Is to Come*. 3rd ed. London: Nath. Ponder, 1679.

———. *The Pilgrim's Progress. From This World to That Which Is to Come: The Second Part*. London: Nathaniel Ponder, 1684.

———. *Relation of the Imprisonment of Mr. John Bunyan*. London: James Buckland, 1765.

———. *The Resurrection of the Dead and Eternal Judgment*. London: Francis Smith, ca. 1665.

———. *Some Gospel-Truths Opened*. London: J. Wright, 1656.

———. *A Treatise of the Fear of God*. London: N. Ponder, 1679.

———. *A Vindication of the Book Called, Some Gospel-Truths Opened*. London: Matthias Cowley, 1657.

———. *The Water of Life*. London: Nathanael Ponder, 1688.

———. *The Work of Jesus Christ as an Advocate*. London: Dorman Newman, 1688.

———. *The Works of John Bunyan*. Edited by George Offor. 3 vols. 1854. Reprint, Edinburgh, UK: Banner of Truth, 1991.

———. *The Works of that Eminent Servant of Christ Mr. John Bunyan*. 2 vols. 3rd ed. London: W. Johnston, 1767.

———. *The Works of that Eminent Servant of Christ Mr. John Bunyan, the First Volume*. London: William Marshall, 1692. Bunyan's writings cited from this volume include:

Christ a Compleat Saviour: Or the Intercession of Christ, and Who Are Privileged in It.

The Desire of the Righteous Granted.

Exposition on the Ten First Chapters of Genesis, and Part of the Eleventh.

Justification by an Imputed Righteousness. Or, No Way to Heaven but by Jesus Christ.

Of the Law and a Christian. A Mapp Shewing the Order and Causes of Salvation and Damnation.

Paul's Departure and Crown. The Saints Knowledge of Christ's Love, Or, The Unsearchable Riches of Christ.

The Saints' Privilege and Profit.

Saved by Grace: Or, A Discourse of the Grace of God.

Calhoun, David B. *Grace Abounding: The Life, Books, and Influence of John Bunyan*. Ross-shire, UK: Christian Focus Publications, 2005.

Calvin, John. *Institutes of the Christian Religion*. Edited by John T. McNeill. Translated by Ford Lewis Battles. The Library of Christian Classics

20, 21. Philadelphia: Westminster Press, 1960.

Campbell, Gordon. "The Source of Bunyan's *Mapp of Salvation*" *Journal of the Warburg and Courtauld Institutes* 44 (1981): 240-41.

Cook, Faith. *Fearless Pilgrim: The Life and Times of John Bunyan*. Darlington, UK: Evangelical Press, 2008.

Denne, Henry. *The Quaker no Papist, in Answer to The Quaker Disarmed*. London: Francis Smith, 1659.

Dennison, James T., Jr., ed. *Reformed Confessions of the Sixteenth and Seventeenth Centuries in English Translation*. Vol. 2, 1552–1566. Grand Rapids: Reformation Heritage Books, 2010.

———. *Reformed Confessions of the Sixteenth and Seventeenth Centuries in English Translation*. Vol. 4, 1600–1693. Grand Rapids: Reformation Heritage Books, 2014.

De Vries, Pieter. *John Bunyan on the Order of Salvation*. Translated by C. van Haaften. New York: Peter Lang, 1994.

Dod, John and Robert Cleaver. *A Plaine and Familiar Exposition of the Ten Commaundements*. London: by Humfrey Lownes for Thomas Man, 1606.

Doe, Charles. "The Struggler." In *The Works of that Eminent Servant of Christ Mr. John Bunyan, the First Volume*. London: William Marshall, 1692.

Duckett, George, ed. *Penal Laws and Test Act: Questions Touching Their Repeal Propounded in 1687-8 by James II*. London, 1883.

Edwards, Jonathan. "Catalogue' of Reading." In *The Works of Jonathan Edwards*. Vol. 26, *Catalogues of Books*. Edited by Peter J. Thuesen. New Haven, CT: Yale University Press, 2008.

———. *Religious Affections*. In *The Works of Jonathan Edwards*. Vol. 2, *Religious Affections*. Edited by John E. Smith. New Haven, CT: Yale University Press, 1959.

Fisher, Edward. *The Marrow of Modern Divinity*. London: by R. W. for G. Calvert, 1645.

———. *The Marrow of Modern Divinity*. Edited by Thomas Boston.

Ross shire, UK: Christian Focus Publications, 2009.

Frank, Arnold. *The Fear of God, A Forgotten Doctrine: Learning from Puritan Preaching*. Ventura, CA: Nordskog, 2007.

Greaves, Richard L. "Bunyan, John." In *Oxford Dictionary of National Biography*, 8:702-11. Oxford: Oxford University Press, 2004.

———. *Glimpses of Glory: John Bunyan and English Dissent*. Stanford, CA: Stanford University Press, 2002.

———. *John Bunyan*. Courtenay Studies in Reformation Theology 2. Grand Rapids: Eerdmans, 1969.

———. "John Bunyan and Covenant Thought in the Seventeenth Century. *Church History* 36, no. 2 (June 1967): 151-69.

Green, Jay. "Bunyan, John." In *The Encyclopedia of Christianity*, 2:220-28. Edited by Gary G. Cohen. Marshalltown, DE: The National Foundation for Christian Education, 1968.

Haykin, Michael A. G. *Kiffin, Knollys, and Keach: Rediscovering Our English Baptist Heritage*. Leeds, UK: Reformation Trust Today, 1996.

Hill, Christopher. *A Tinker and a Poor Man: John Bunyan and His Church, 1628-1688*. New York: Alfred A. Knopf, 1989.

Hodge, Charles. *Systematic Theology*. 3 vols. Reprint, Peabody, MA: Hendrickson, 1999.

Hooker, Thomas. *The Soules Preparation for Christ*. The Netherlands: n.p., 1638.

Ivimey, Joseph. *A History of the English Baptists*. Vol. 2. London: for the author, 1814.

Keeble, N. H. *The Literary Culture of Nonconformity in Later Seventeenth Century England*. Leicester, UK: Leicester University

Press, 1987.

Knott, John R., Jr. "'Thou must live upon my Word: Bunyan and the Bible." In *John Bunyan: Conventicle and Parnassus; Tercentenary Essays*. Edited by N. H. Keeble. Oxford, UK: Clarendon Press, 1988.

Luther, Martin. *A Commentarie of Master Doctor Martin Luther upon the Epistle of S. Paul to the Galathians*. London: George Miller, 1644.

Macauley, J. S. "Gifford, John." In *Biographical Dictionary of British Radicals in the Seventeenth Century*, 2:9. Edited by Richard L. Greaves and Robert Zaller. Brighton, UK: Harvester; 1983.

Muller, Richard A. *Dictionary of Latin and Greek Theological Terms: Drawn Principally from Protestant Scholastic Theology*. Grand Rapids: Baker, 1985.

Nuttall, Geoffrey F. "Review of *The Miscellaneous Works of John Bunyan, Volume IX, A Treatise of the Fear of God; The Greatness of the Soul; A Holy Life*. Edited by Richard L. Greaves." *Religious Studies* 18, no. 4 (December 1982): 549–51.

Owen, John. *The Doctrine of Justification by Faith*. In *The Works of John Owen*. Vol. 5. Edited by William H. Goold. 1850–1853. Reprint, Edinburgh, UK: Banner of Truth, 1965.

———. *The Doctrine of the Saints' Perseverance Explained and Confirmed*. In *The Works of John Owen*. Vol. 11. Edited by William H. Goold. 1850–1853. Reprint, Edinburgh, UK: Banner of Truth, 1965.

Owens, W. R. "John Bunyan and the Bible." In *The Cambridge Companion to Bunyan*. Edited by Anne Dunan-Page.

Cambridge, UK: Cambridge University Press, 2010.

———. "The Reception of *The Pilgrim's Progress* in England." In *Bunyan in England and Abroad*, 91–104. Edited by M. Van Os and G. J. Schutte. Amsterdam: VU University Press, 1990.

Owst, Gerald R. *Literature and Pulpit in Medieval England*. Cambridge: Cambridge University Press, 1933.

Perkins, William. *An Exposition of the Symbole or Creed of the Apostles*. London: John Legate, 1595.

———. *A Golden Chaine, Or The Description of Theologie, Containing the Order of the Causes of Salvation and Damnation, According to God's Word*. London: John Legate, 1597.

———. *The Whole Treatise of the Cases of Conscience*. London: John Legate, 1606.

Richey, Robert A. "The Puritan Doctrine of Sanctification: Constructions of the Saints' Final Perseverance and Complete Perseverance as Mirrored in Bunyan's 'The Pilgrim's Progress.'" ThD Dissertation. Mid-America Baptist Theological Seminary, Schenectady, NY, 1990.

Rivers, Isabel. "Grace, Holiness, and the Pursuit of Happiness: Bunyan and Restoration Latitudinarianism." In *John Bunyan: Conventicle and Parnassus; Tercentenary Essays*. Edited by N. H. Keeble. Oxford: Clarendon Press, 1988.

Smith, Thomas. *A Gagg for the Quakers, with an Answer to Mr. Denn's Quaker No Papist*. London: J. C., 1659.

———. *The Quaker Disarm'd, or A True Relation of a Late Public Dispute Held at Cambridge ⋯ With A Letter in Defence of the Ministry, and against Lay-Preachers*. London: J. C., 1659.

Spurgeon, C. H. *The Metropolitan Tabernacle Pulpit*. Vol. 45.1899. Reprint, Pasadena, TX: Pilgrim Publications, 1977.

Sternhold, Thomas, John Hopkins, et al. *The Whole Booke of Psalmes: Collected into English Meeter*. London: by G. M. for the Company of Stationers, 1644.

Thomas Aquinas. *Summa Theologica, Part 2 (First Part)*. Translated by the Fathers of the English Dominican Province. London: R. & T. Wash bourne, 1915.

Wakefield, Gordon S. "Bunyan and the Christian Life." In *John Bunyan: Conventicle and Parnassus; Tercentenary Essays*. Edited by N. H. Keeble. Oxford: Clarendon Press, 1988.

Walton, Brad. *Jonathan Edwards, Religious Affections and the Puritan Analysis of True Piety, Spiritual Sensation and Heart Religion*. Studies in American Religion 74. Lewiston, NY: Edwin Mellen Press, 2002.

White, B. R. "Denne, Henry." In *Biographical Dictionary of British Radicals in the Seventeenth Century*, 1:223. Edited by Richard L. Greaves and Robert Zaller. Brighton, UK: Harvester, 1982.

Whitefield, George. *Preface to The Works of that Eminent Servant of Christ Mr. John Bunyan*, 1:iii-iv. 2 vols. 3rd ed. London: W. Johnston, 1767.